面向深度学习和大数据的
轨道交通轴承故障
智能诊断方法

宋旭东 著

清华大学出版社
北京

内 容 简 介

本书以提高轨道交通轴承故障诊断的准确性和高效性为目标,结合深度学习和大数据技术等领域最新成果,系统地介绍了轨道交通轴承故障智能诊断模型构建的方法和技术。

本书共 10 章,主要内容包括:轨道交通轴承故障诊断概述、轨道交通轴承结构及振动机理、轨道交通轴承故障诊断技术概述、基于卷积神经网络的轴承故障诊断方法、基于深度信念网络的轴承故障诊断方法、基于循环神经网络的轴承故障诊断方法、基于集成学习的轴承故障智能诊断方法、基于迁移学习的变工况轴承故障智能诊断方法、基于大数据平台的轴承故障智能诊断方法、轨道交通轴承故障智能诊断系统设计与实现。

本书可作为从事轨道交通故障诊断技术研究的科研人员和工程技术人员的参考用书,也可作为高等院校计算机科学与技术、软件工程、机械工程等相关专业"故障诊断智能技术"课程的教材。

图书在版编目(CIP)数据

面向深度学习和大数据的轨道交通轴承故障智能诊断方法/宋旭东著.—北京:清华大学出版社,2023.9

ISBN 978-7-302-63191-0

Ⅰ. ①面… Ⅱ. ①宋… Ⅲ. ①智能技术－应用－轨道交通－列车－轴承－故障诊断 Ⅳ. ①U279.3-39

中国国家版本馆 CIP 数据核字(2023)第 052592 号

责任编辑:贾　斌
封面设计:常雪影
责任校对:韩天竹
责任印制:丛怀宇

出版发行:清华大学出版社
　　　　网　　　址:http://www.tup.com.cn,http://www.wqbook.com
　　　　地　　　址:北京清华大学学研大厦 A 座　　　　邮　　编:100084
　　　　社 总 机:010-83470000　　　　　　　　　　邮　　购:010-62786544
　　　　投稿与读者服务:010-62776969,c-service@tup.tsinghua.edu.cn
　　　　质量反馈:010-62772015,zhiliang@tup.tsinghua.edu.cn
　　　　课件下载:http://www.tup.com.cn,010-83470236
印 装 者:三河市人民印务有限公司
经　　销:全国新华书店
开　　本:170mm×230mm　　印　　张:12　　字　　数:205 千字
版　　次:2023 年 9 月第 1 版　　　　　　印　　次:2023 年 9 月第 1 次印刷
印　　数:1～1000
定　　价:59.00 元

产品编号:092322-01

　　随着轨道交通的快速发展,其运营安全日益受到人们的广泛关注。轨道交通轴承的运行状态往往决定了整个车辆的运行安全,其运行状态将随着工作时间的推移逐渐发生退化。为切实保障轨道交通运营安全,有必要为轨道交通轴承运用提供准确、高效的轴承故障诊断方法和技术。当前,随着大数据技术以及人工智能的发展,面向数据驱动的基于机器学习的故障诊断方法已经成为轨道交通轴承故障诊断方法中最有效、最常用的方法,其研究受到越来越多国内外学者的关注,成为当今前沿科学技术研究的热点之一。

　　为了系统总结本书作者在这一领域取得的研究成果,特撰写了《面向深度学习和大数据的轨道交通轴承故障智能诊断方法》一书,以满足相关领域研究人员学习和研究的需求。

　　本书以提高轨道交通轴承故障诊断的准确性和高效性为目标,结合深度学习和大数据技术等领域最新成果,系统地介绍了轨道交通轴承故障智能诊断模型构建的方法和技术。全书共 10 章,主要内容包括:轨道交通轴承故障诊断概述、轨道交通轴承结构及振动机理、轨道交通轴承故障诊断技术概述、基于卷积神经网络的轴承故障诊断方法、基于深度信念网络的轴承故障诊断方法、基于循环神经网络的轴承故障诊断方法、基于集成学习的轴承故障智能诊断方法、基于迁移学习的变工况轴承故障智能诊断方法、基于大数据平台的轴承故障智能诊断方法、轨道交通轴承故障智能诊断系统设计与实现。本书特色在于融合面向深度学习和大数据的故障诊断智能方法与轴承故障诊断智能技术应用,很好地将故障诊断概念、深度学习、大数据技术及故障诊断应用结合在一起,便于读者能够更好理解深度学习基本方法、更快掌握故障智能诊断前沿技术。

　　第 1 章主要概述轨道交通轴承故障诊断,包括轨道交通轴承故障诊断的意义与内容、轴承故障诊断方法分类与轴承振动信号故障诊断的发展,以及基于振动信号分析和基于数据驱动的两种轨道交通轴承故障振动诊断的方法。

第 2 章主要介绍轨道交通轴承结构及轴承振动机理,包括轨道交通轴承分类、轴承结构分析、轴承故障表现与故障原因,轨道交通轴承固有振动、涉及轴承载荷及弹性的振动、轴承制造或装配不良引起的振动、轴承各类故障引起的振动。

第 3 章主要概述轨道交通轴承故障诊断技术,介绍了轴承振动信号采集和信号数据预处理技术,轨道交通轴承故障特征提取技术与特征选择技术,以及轨道交通轴承故障模式智能诊断技术。

第 4 章提出一种基于卷积神经网络的轴承故障诊断方法,介绍了基于卷积神经网络轴承故障诊断网络结构、建模机理与建模策略,基于卷积神经网络轴承故障诊断模型构建流程与构建算法,基于卷积神经网络轴承故障诊断模型构建实验与模型验证实验。

第 5 章提出一种基于深度信念网络的轴承故障诊断方法以及一种加速深度信念网络轴承故障诊断方法,介绍了基于深度信念网络的轴承故障诊断网络结构与建模机理、基于深度信念网络的轴承故障诊断模型构建流程与构建算法、基于深度信念网络的轴承故障诊断模型实验,以及一种基于多级复合指数损失函数的深度信念网络轴承故障诊断加速方法。

第 6 章提出一种基于循环神经网络的轴承故障诊断方法,介绍了基于循环神经网络的轴承故障诊断网络结构与建模机理、长短期记忆网络 LSTM工作原理、门限循环单元 GRU 网络工作原理、基于循环神经网络的轴承故障诊断模型构建流程与构建算法,基于循环神经网络的轴承故障诊断模型构建实验与模型验证实验。

第 7 章提出一种基于集成学习的轴承故障智能诊断方法,介绍了基于集成学习的轴承故障诊断工作原理与网络结构、基于集成学习的轴承故障诊断模型构建方法与构建流程、基于集成学习的轴承故障诊断模型实验。

第 8 章提出一种基于迁移学习的变工况轴承故障智能诊断方法,介绍了基于迁移学习的变工况轴承故障诊断网络结构、一种改进的弹性网正则化迁移学习方法、基于迁移学习的变工况轴承故障诊断模型构建流程与构建算法,基于迁移学习的变工况轴承故障智能诊断模型实验。

第 9 章提出一种基于大数据平台的轴承故障智能诊断方法,介绍了大数据 Hadoop 平台框架、Hadoop 分布式文件系统 HDFS、Hadoop 分布式计算MapReduce、Hadoop 资源管理器 Yarn,给出了基于 Hadoop 的轴承故障诊断平台设计与实现,以及基于 Hadoop 的轴承故障诊断实验。

第 10 章集成提出的故障诊断模型完成了轨道交通轴承故障智能诊断系统设计与实现,包括故障智能诊断系统平台框架设计与功能设计,故障智能诊断系统实现技术框架与核心模块功能展示。

本书的特色在于融合面向深度学习和大数据的故障诊断智能方法与轴承故障诊断智能技术应用,很好将故障诊断概念、深度学习、大数据技术及故障诊断应用结合在一起,便于读者能够更好理解深度学习基本方法、更快掌握故障智能诊断前沿技术及其应用。

本书可作为从事轨道交通故障诊断技术研究的科研人员和工程技术人员的参考用书,也可作为高等院校计算机科学与技术、软件工程、机械工程等相关专业研究生及高年级本科生的"故障诊断智能技术"课程教材。

本书由大连交通大学宋旭东教授撰写。在本书撰写过程中,丛郁洋、杨杰、朱大杰、陈艺琳、梁攀、王昊、田锐、宋一凡等研究生做了大量辅助工作。在此,一并表示衷心的感谢。在本书的撰写过程中,参考了大量的国内外著作、论文、技术论坛等,在此也向参考文献的作者表示感谢。

由于作者水平有限,书中不足之处在所难免,敬请广大读者批评指正。

作 者

2023 年 1 月

CONTENTS —✕ **目录**

轨道交通轴承故障诊断概述

轨道交通轴承的运行状态往往决定了整个车辆的运行安全,其运行状态将随着工作时间的推移逐渐发生退化。开展轨道交通轴承故障智能诊断研究对轨道交通运营安全具有重要意义和巨大的经济价值。本章主要概述轨道交通轴承故障诊断的意义与内容,轴承故障诊断方法与轴承振动信号故障诊断发展阶段,以及基于振动信号分析和基于数据驱动的两种轨道交通轴承故障振动诊断方法。

1.1 轨道交通轴承故障诊断意义及内容

1.1.1 轨道交通轴承故障诊断意义

轨道交通凭借其高速度、安全可靠、绿色环保等优势在我国乃至欧美等发达国家担当着综合运输网络中的重要作用,尤其在能源、原材料运输以及旅客运输中发挥着不可替代的作用。轨道交通带来的效益包括缩短出行时间,改善出行安全,降低了运输成本,缓解了高速公路拥堵,减少了温室气体排放,促进运输业和旅游业的发展。

在高速铁路发展方面:自 2004 年国务院批准实施《中长期铁路网规划》以来,我国铁路建设实现了快速发展。为加快构建布局合理、覆盖广泛、高效便捷、安全经济的现代铁路网络,更好发挥铁路骨干优势作用,推进综合交通运输体系建设,支撑引领我国经济社会发展,2016 年修编了《中长期铁路网规划》。规划在 2016 年至 2025 年(远期至 2030 年)期间规划建设以八条纵线和八条横线主干通道为骨架、区域连接线衔接、城际铁路为补充的高速铁路网。预计到 2025 年,铁路网规模将达到 17.5 万千米,其中高速铁路3.8 万千米左右;到 2030 年,基本实现内外互联互通、区际多路畅通、省会高铁连通、城市快速通达、县域基本覆盖,将能更好发挥铁路对经济社会发展的保障作用。

　　在城市轨道交通发展方面:自 2013 年《国务院办公厅关于加强城市快速轨道交通建设管理的通知》(国办发〔2003〕81 号)印发以来,我国城市轨道交通总体保持有序发展,对提升城市公共交通供给质量和效率、缓解城市交通拥堵、引导优化城市空间结构布局、改善城市环境起到了重要作用。2018年,《国务院办公厅关于进一步加强城市轨道交通规划建设管理的意见》注重促进城市轨道交通规范有序发展,强调城市轨道交通作为现代城市交通系统的重要组成部分,是城市公共交通系统的骨干。确保城市轨道交通发展规模与实际需求相匹配、建设节奏与支撑能力相适应,实现规范有序、持续健康发展。截至 2020 年底,全国城市轨道交通运营线路总规模达到7978.19 千米,覆盖全国 40 多个城市,其中地铁占主导地位,占比达 79%,2021 年底,中国地铁运营里程已达到 7436 千米,到 2026 年,有望突破 12000千米。

　　轨道交通轴承基本上采用滚动轴承,滚动轴承在实际工作环境中,经常运行在高速、高温、重载、交变载荷等恶劣工况下,受到振动、冲击、侵蚀、磨损等等外在影响,其运行状态将随着时间推移逐渐发生变化,这使得滚动轴承成为轨道交通车辆中最容易失效的零部件之一。一旦滚动轴承发生故障,与其相连的轴、齿轮等零部件将会直接受到影响,进而影响轨道交通车辆的正常运行,严重情况下还可能会导致事故发生,造成巨大的经济损失。可以说,滚动轴承的运行状态是否健康在一定程度上决定了整个车辆的运行状态。国内外轨道交通领域专家积极开展轨道交通轴承故障诊断的研究。

　　从目前轨道交通轴承故障诊断的研究来看,现有的方法和技术远不能满足轨道交通轴承故障诊断准确性和高效性等要求,还没有开发出相应的轴承故障智能诊断系统平台。开展轨道交通轴承故障智能诊断方法研究,其研究意义主要体现在:

　　(1)为轨道交通轴承故障智能诊断提供理论依据及科学方法。

　　在充分借鉴已有研究成果的基础上,采用大数据和人工智能深度学习等智能方法对轨道交通轴承故障进行系统研究,更加注重基于数据驱动的轴承故障智能诊断研究,为实现轨道交通轴承故障智能诊断提供理论依据和科学方法。

(2) 降低由轴承故障引发轨道交通事故发生的概率,保障轨道交通运营安全。

依据轨道交通轴承故障诊断结果,安排有针对性故障检修,有效降低轨道交通事故发生概率。

(3) 降低轨道交通运营维保费用。

依据轨道交通轴承故障诊断结果,制订合理的维保计划,实现"计划修"向"状态修"的转变,避免由于维修不足或过度维修带来的额外费用支出。

由此可见,开展轨道交通轴承故障智能诊断研究对轨道交通运营安全具有重要意义和巨大的经济价值。而如何高效精准实施轨道交通轴承故障智能诊断是亟待解决的重大科学技术问题。

1.1.2 轨道交通轴承故障诊断内容

轨道交通轴承故障诊断包含对滚动轴承运行时故障信息采集、故障识别与定位、故障诊断分析等 3 方面,其核心是故障识别与定位。

1. 故障信息采集

故障信息采集通常是通过传感器获取体现滚动轴承工况状态的信息,将来通过这些采集的信息进行故障识别与定位。故障信息采集的能力与传感器的可靠性和采集点的布置有关。

2. 故障识别与定位

故障识别是根据采集的信息,判断出轴承是否存在故障以及故障的严重程度。故障按严重程度分为两类:普通故障和紧急故障。普通故障是局部的、不至于影响轨道交通行车安全运行的故障;紧急故障是行车不能维持正常工作,必须立即停止运行或必须采取特定措施后方能继续运行的故障。故障定位是确定故障发生的部位,明确滚动轴承发生故障的具体部位。故障识别与故障定位要求具有很强的实时性,应能够进行及时有效地运算和推理判断。

故障识别与定位又分为两个步骤。

(1) 特征提取:从获取的信息中提取能够反映滚动轴承故障点的信息;

(2) 识别与定位:从获取的特征信息中初步辨识滚动轴承的故障及故障发生的位置。

3. 故障诊断分析

故障诊断分析：对识别的故障及发生故障的位置进行深入的分析，确认故障发生的原因和种类以及故障将来的发展趋势等。

在轨道交通轴承故障诊断过程中，由于各类传感器收集到的轴承信号具有数据量大、数据形式复杂、噪声干扰等特点，如何能够快速准确提取出反应轴承状态的故障特征信号并且对这些故障信号进行有效的识别与定位，是轨道交通轴承故障智能诊断的研究重点。又由于在轨道交通实际运营过程中，工况条件多变，如何在变工况条件下进行轴承故障诊断，是轨道交通轴承故障智能诊断的研究难点。

1.2　轨道交通轴承故障诊断方法及其发展

故障诊断是一门集计算机科学、信号处理、模式识别等多种现代科学技术于一体的综合性交叉学科。轨道交通轴承基本上采用滚动轴承，轨道交通滚动轴承故障诊断的目的是通过分析滚动轴承运行状态的相关数据，去准确辨别轴承内部各元件的状态，以判断是否需要进行维修。

1.2.1　轴承故障诊断方法分类

依据监视与诊断轨道交通轴承故障所采用的方式，轨道交通轴承故障诊断方法大致可以分为以下四类[1-2]：声发射法、振动分析法、温度诊断法、油液检测法。

1. 声发射法

材料或结构受外力或内力作用产生变形或断裂，以弹性波形式释放出应变能的现象称为声发射。声发射是固体材料中的声波辐射现象，与材料中的局部不稳定状态有关，它是材料中局部能量再分布的结果。这种能量的再分布往往是材料损坏前的征兆。声发射法是以声发射现象为依据发展起来的，是通过传感器来收集分析轴承的声发射信号来诊断轴承是否有故障，但是由于声发射法易受杂音干扰、信噪比低等缺点，其应用不够广泛。

2. 振动分析法

振动分析法是通过振动传感器采集轴承振动信号，并对采集的振动信号进行分析来诊断轴承发生的故障。振动分析法有较广的适用范围，对各种轴承故障有较好的适用性,并且能及时发现轴承早期存在的微小故障。振动分析法因其诊断结果可靠、信号处理简单直观的优点在实际生产生活中拥有广泛的应用。

3. 温度诊断法

温度诊断法是指用专门的设备测试轴承在工作时表面的温度,并将测出的值与正常工作时的温度相比较,来诊断轴承是否有故障。这种诊断方法简单、方便并且易于实现,尤其对于因润滑不良所导致轴承工作时过热的现象比较有效,但是其对于轴承早期的损伤故障几乎检测不出,只有当故障达到非常严重的程度时,才有可能发现故障。所以温度诊断法不适用于早期轴承故障诊断。

4. 油液检测法

油液检测法是通过采集轴承中润滑油的样本,依靠油液分析仪进行油内杂质及异物颗粒分析,通过分析润滑油中杂质的成分而判断轴承是否有故障。这种方法存在实时性太差、取样不方便、大颗粒分析困难等缺点,所以有很大的局限性。

随着信号处理技术以及人工智能的发展,振动分析法已经成为轨道交通滚动轴承故障诊断方法中最有效、最常用的方法。现如今,滚动轴承故障诊断研究重点也是以振动信号分析为核心,并结合信号处理、人工智能和大数据分析等相关方法和技术达到对滚动轴承故障位置、故障程度的精准识别。

1.2.2　轴承振动信号故障诊断发展

轴承振动信号故障诊断开始于 20 世纪 30 年代,相关技术人员主要是利用经验和听音棒等简易设备来判断故障是否发生,这种方法的准确率和可靠性比较差,诊断结果存在较大的误差。随着计算机技术、信号处理技术和人工智能技术的不断进步,各种基于信息技术的轴承故障振动信号诊断方法与技术不断产生、发展和完善。其发展历程主要经历了以下四个阶段。

第一阶段:利用频谱分析技术诊断阶段。

在 20 世纪 60 年代中期,由于快速傅里叶(Fast Fourier Transform,FFT)技术的突破,使得振动信号的频谱分析变成可能,各种频谱仪纷纷问世。在频谱仪提供的技术支持下,人们将损坏轴承的振动信号特征频率与频谱分析实际分析到的结果进行比较,以此来判断轴承是否损坏。但是由于噪声的影响以及部分故障轴承的特征频率接近由机器的其他部件激发的频率,有时很难识别出轴承的具体故障等原因,使得该阶段轴承故障诊断远未走向实用,但是其利用振动信号特征频率的思想为以后的轴承故障诊断的发展起到了决定性的作用。

第二阶段:利用冲击脉冲技术诊断阶段。

在20世纪60年代末,开始利用冲击脉冲技术进行故障诊断。根据表面受损的轴承元件在受载时要产生冲击,从而引起高频压缩波(即冲击脉冲)的现象,瑞典SPM仪器公司研制出了一种名叫冲击脉冲器的仪器来检测轴承故障。因为这种方法能有效地检测出早期损伤类故障,取得了一定的应用价值,但是这种技术只能检测出轴承的局部损伤类故障。

第三阶段:利用共振解调技术诊断阶段。

在20世纪70年代中期,开始利用共振解调技术进行故障诊断。美国波音公司的D. R Harting于1974年发明了共振解调的分析方法,在此基础上逐步演变成了"共振解调技术"。采用共振解调技术可以放大(谐振)和分离(带通滤波)故障特征信号,该技术不但能把冲击引起的高频谐振的幅值检测出来,还会对幅值包络信号进行频谱分析,使得该技术不但能够检测出早期的轴承故障损坏,还能在一定程度上诊断出轴承损坏的部位以及受损部位损坏的程度。由于这一技术包含了高频共振(或谐振)、带通滤波、解调(或包络检波)和频谱分析等环节,所以这一技术又叫包络分析技术。在20世纪80年代之后,随着小波分析技术的出现和发展,小波技术被成功引入到轴承故障特征提取及故障诊断中。通过小波变换能够将时域和频域结合起来描述振动信号的时频特征,通过对信号进行多层次的划分,并对有明显故障信号的频段进行包络分析,从而得到滚动轴承的故障特征频率。

这个阶段的轴承故障诊断技术已经基本趋于成熟,在实际生产生活中取得了广泛的应用。但共振解调存在的问题是:当轴承内圈或滚动体表面上出现局部损伤并且承受径向负荷时,由于损伤点的位置相对传感器随轴承运动呈周期性变化,所以传感器感受到的脉冲冲击力的大小和方向随轴承运动呈周期性的变化。这种情况下传感器采集的振动信号,包络信号及频谱都比较复杂,尤其是当损伤点不止一个时情况更为复杂,为故障诊断增加了难度。

第四阶段:利用人工智能技术诊断阶段。

在20世纪90年代后,随着人工智能技术的发展,为解决滚动轴承的故障诊断问题提供了新的手段和方法,利用决策树、贝叶斯分类、随机森林、K

均值、逻辑回归、神经网络、支持向量机等传统机器学习（数据挖掘）算法，使得轴承故障诊断逐步走向智能化，并进一步提高轴承故障诊断能力[3]。

Amarnath 等[4]采用基于决策树的机器学习方法，从滚动轴承故障信号中提取具有描述性的统计特征，通过决策树算法对特征进行降维，实现对轴承故障进行诊断。张沛朋等[5]提出一种基于 PCA-SVM 的滚动轴承故障诊断方法，利用振动信号的时域特征，经过 PCA 选择后提取累计贡献率较大的特征作为最小二乘支持向量机的输入，完成滚动轴承故障诊断。Mbo'O 等[6]通过计算故障特征频率、峰度、峭度、波形因子等多种特征参数，再利用线性判别器进行特征降维后输入到分类器中完成滚动轴承故障诊断。张鑫等[7]提出基于多重分形降趋算法提取轴承故障特征，并采用改进的 K 均值聚类方法实现滚动轴承故障诊断。Manjeevan 等[8]提出了一种基于振动信号分析的混合智能模型，模型由最小-最大神经网络和随机森林模型所组成，可较好用于滚动轴承的故障诊断。Yan 等[9]提出了一种基于多域特征的优化的支持向量机模型，模型可通过统计分析、快速傅里叶变换和变分模态分解等方法从时域、频域和时频域提取故障特征信息，采用粒子群优化的支持向量机分类模型，实现了滚动轴承多故障诊断。徐可等[10]提出一种基于经验模态分解和支持向量机的滚动轴承故障诊断方法。于军等[11]提出一种基于流向图和非朴素贝叶斯推理的滚柱轴承故障程度识别方法。王岩等[12]将统计模型引入轴承故障诊断中，提出一种基于变分贝叶斯的轴承故障诊断方法。Seongmin 等[13]使用人工神经网络的方法实现滚动轴承故障诊断，并把这种方法与其他基于数据驱动的方法进行了比较，证明了其在故障诊断上的优越性。徐继亚等[14]提出一种基于正交匹配追踪算法和优化小波核极限学习机的滚动轴承故障诊断方法，该方法能有效提取滚动轴承故障特征信息，具有较高的诊断精度。王田田等[15]提出一种基于改进灰狼优化算法优化小波核极限学习机的故障分类方法，提升轴承故障诊断效果。Zhang R 等[16]针对变工况条件下轴承故障诊断提出一种基于迁移学习的神经网络故障诊断方法。

基于传统机器学习（数据挖掘）算法需要人工提取、选择和优化特征，需要进行复杂的数学计算和对信号处理方法本身及所处理的对象有深入的理解和丰富的故障诊断经验。另外，对于复杂工况下轴承故障诊断，单一的特征学习方法不能得到对故障敏感的特征，降低了故障诊断的有效性，有时需要多种信号处理方法结合才能够挖掘出故障敏感特征。如何提取更有效的特征以表征轴承不同的状态，以及如何训练更有效的分类器以达到更好地区分不同的轴承状态,是这类方法的研究重点。

针对如何提取更有效的特征以表征轴承不同的状态这一问题,众多学者先后提出了面向时域、频域、时频域的轴承振动信号特征提取方法和技术。欧璐等[17]提出利用改进的拉普拉斯分值形成故障特征矢量,采用主元分析法进行轴承故障特征降维与特征提取。刘长良等[18]提出利用变分模态分解对轴承故障信号进行特征提取。王奉涛等[19]提出一种基于流形-奇异值熵的轴承故障特征提取方法。侯文擎等[20]提出利用深度学习中的堆叠降噪自编码对轴承故障信号进行降噪和无监督特征提取。Wen C 等[21]提出集成经验模态分解和奇异值分解的特征提取方法。Tian J 等[22]提出基于谱峭度、主成分分析和半监督 k 邻近的轴承故障特征提取方法。Shao H 等[23]提出采用双树复小波包对轴承故障振动信号进行特征提取。Sadoughi M 等[24]提出利用频谱峭度和包络分析进行轴承故障特征提取。Li H 等[25]提出一种基于奇异值分解和频带熵的轴承故障特征提取方法。Lu C 等[26]提出基于堆叠自编码器和稀疏表示的特征提取方法。

进入 21 世纪后,随着深度学习理论的提出,深度学习技术被引入轴承故障诊断系统中。深度学习具有自适应学习轴承故障特征量的能力,因此有效避免了人工构建和筛选轴承故障特征量的不足。

深度学习是传统机器学习算法的重要延伸,通常有卷积神经网络(Convolutional Neural Networks,CNN),深度信念网络(Deep Belief Network,DBN),循环神经网络(Recurrent Neural Network,RNN)等方法,其在特征提取与选择、非线性拟合、模式识别等方面均具备优势。随着深度学习的发展,越来越多的学者开始利用深度学习方法进行轴承故障诊断的研究。基于深度学习的故障智能诊断方法也可以不依赖人工获取特征,这是由于深度神经网络本身就具有数据学习能力和泛化推理能力。深度神经网络通过逐层非线性映射和多层网络结构的结合,具有很强的特征提取能力,适用于大数据下高维非线性数据的分析处理。对于深度学习方法,在知识获取上,可以将历史数据作为输入来训练深度神经网络,通过深度神经网络的自主学习获取相应的特征;在特征表示和智能推理上,深度神经网络通过自主学习,以各个神经元的权重参数的形式表示知识,实现自主推断,由于深度神经网络本身具有特征空间映射和特征提取的能力,因此可进行端到端的智能化诊断,这样不仅保留了原始数据中丰富的细节信息,同时还简化了整个故障诊断过程,将故障诊断提高到更智能化的水平。

马辉等[27]提出一种基于深度神经网络的双层次故障诊断系统用以识

别轴承故障分类模式及故障程度。丁承君等[28]提出一种深度卷积神经网络与变分模态分解(VMD)相结合的诊断方法。利用VMD分解出不同频率的模态分类,卷积网络自动学习其特征并分类。可以实现滚动轴承故障类别以及损伤程度的精确判定。Wei Z等[29]提出一种基于宽卷积核卷积神经网络的故障分类方法,可以实现直接利用滚动轴承的一维原始振动数据进行故障诊断分类。Zhu J等[30]提出一种基于主成分分析(PCA)和深信网络(DBN)的智能故障诊断方法,该方法不需要对原始振动数据进行复杂的信号处理就可以获得很好的分类效果。Shao H等[31]利用经粒子群优化的深度信念网络模型实现了在含噪声及变工况环境下的轴承故障诊断,该方法与传统故障诊断方法作对比,结果表明经过结构优化后的深度信念网络模型识别的准确度更高、鲁棒性更强。Sun W等[32]提出一种利用堆叠式的稀疏自编码器构建深度神经网络的方法,完成对滚动轴承进行故障诊断。Wei Z等[33]面向含噪声和变负载等复杂工况条件提出了一种新的深度卷积神经网络轴承故障诊断方法,可以实现含噪声和变负载工况下的故障分类。Chen Z等[34]利用堆叠式稀疏自编码器提取稀疏特征,并将提取的不同振动方向的时域、频域特征进行融合,然后将最终融合得到的特征输入到深度信念网络中完成对滚动轴承的故障诊断。Zhao R等[35]将GRU(Gated Recurrent Unit)循环神经网络引入机器故障诊断,构建了增强双向GRU循环神经网络,在轴承故障诊断检测中验证了方法的有效性。Hang Q等[36]针对不均衡轴承故障数据提出一种改进的过采样方法,并通过主成分分析方法完成高维不均衡数据故障诊断。Han T等[37]提出一种深度对抗卷积神经网络用于轴承故障诊断方法,提高了训练模型的泛化能力。Zhou F等[38]针对不均衡故障数据提出一种全局优化产生式对抗网络,获得较好的故障诊断结果。Xu G等[39]提出一种基于深度迁移卷积神经网络的在线故障诊断方法。Shao J等[40]为了解决轴承的无标记跨域诊断问题,提出了一种基于深度迁移学习的对抗域自适应方法。Wen L等[41-42]分别提出一种基于稀疏自编码的深度迁移学习方法和一种基于迁移学习的迁移卷积神经网络,用以解决小样本故障标签数据诊断问题。邵海东等[43]提出一种基于提升深度迁移自动编码器的新方法用于不同机械设备间的轴承故障智能诊断。Zhao B等[44]提出一种基于深度多尺度卷积神经网络的迁移学习框架,适用于变负载工况下轴承故障智能诊断。Xu G等[45]提出一种基于卷积神经网络和随机森林集成学习的轴承故障诊断方法,提高了轴承故障诊断准确性和泛化能力。张文龙等[46]提出一种云/边缘协同的实时轴承故障诊断方法,该方法具有较高的故障诊断准确性,并通过模型的迁移学习与边缘端协同,增强了故障诊断算法对个性化应用的适应性和故障诊断的实时性。

深度学习方法在故障诊断方面具有特征提取简单、诊断准确率更高的优势,但有时它会过度的学习训练数据中的噪声或者训练样本中没有代表性的特征,这样就会导致模型过拟合,以至于模型的泛化能力较弱,鲁棒性很差。同时由于深度学习构建模型较深,通常学习效率较低,且可解释性较差。深度学习在滚动轴承故障诊断领域的研究和应用还处于起步阶段。

随着大数据时代的来临,基于深度学习与大数据技术的滚动轴承故障智能诊断的研究与应用有较大的发展与深入空间,探索基于深度学习和大数据的故障智能诊断方法是轨道交通滚动轴承故障智能诊断的新研究方向。

1.3　轨道交通轴承故障振动诊断方法

轨道交通滚动轴承故障振动诊断方法大体可分为两类:基于振动信号分析的方法和基于数据驱动的方法。基于信号分析的方法以信号变换和人工特征选取为核心,而基于数据驱动的方法则以历史数据和人工智能机器学习方法为核心,并逐步向自主特征提取方向发展。

1.3.1　基于振动信号分析的方法

基于振动信号分析的轨道交通滚动轴承故障诊断方法,采用的是传统轴承故障诊断技术,主要包括时域分析、频域分析、时频域分析 3 类故障诊断方法。这类方法注重人工特征的选取,主要使用传感器采集运行过程中轴承的振动信号,通过对采集的信号进行放大、滤波和转换等处理得到振动的幅值或频率,并提取出经过变换后的特征空间中的一组特征,再与规定的故障信号特征值进行对比判断轴承是否存在故障。

1. 时域分析故障诊断方法

时域分析故障诊断方法是通过对滚动轴承振动信号的时域波形曲线的直接分析,来提取振动信号的时域特征值,将这些时域特征值与正常工作轴承的响应值进行对比分析,可以判断轴承是否存在故障。基于信号时域分析实现信号特征提取的时域特征有 3 类。

（1）振动信号的有量纲参数

振动信号的有量纲参数包括峰值、峰-峰值、均值等；峰值对于滚动轴承初期剥落损伤有很好的检测效果。峰-峰值为最大峰值和相邻的最小谷值之间的幅值差值，常用于复杂信号的时域特征提取。

（2）振动信号的无量纲参数

振动信号的无量纲参数包括峭度、裕度指标、峰值因子和脉冲指标等；峭度是振动信号幅值的概率分布与正态分布之间不同程度的一个量化指标，对于滚动轴承故障诊断是一个有效的参量。

（3）振动信号的概率分布

振动信号的概率分布包括概率密度函数和概率分布函数等。

信号的时域分析故障诊断方法的优点是简便、快捷，计算复杂低，但易受噪声的影响，且需定期对轴承振动总量进行检测记录，只能粗略判断故障，难以确定故障的性质和部位等关键信息，尤其对于非平稳、非线性、频率成分复杂的滚动轴承振动信号，时域信号分析的方法难以反映振动信号的特性，特征难以有效提取。

2. 频域分析故障诊断方法

由于轴承故障的产生和发展均会改变信号的频率结构，因此确定信号的频率结构是频域分析的主要目的。基于频域分析故障诊断的方法就是利用傅里叶变换的方法，获取振动信号的频谱，通过提取频域特征并依此诊断轴承故障。由于调制性是故障振动信号的特性之一，因此合理解调所测轴承故障振动信号至关重要，尤其在需要准确诊断故障部位的情况下。

常用的频域特征提取方法有包络谱分析、功率谱分析、倒谱分析、共振解调分析等。

（1）包络谱分析

包络谱分析是先对信号进行希尔伯特（Hillbert）变换，再进行快速傅里叶变换（FFT），得出信号的包络谱，从包络谱中提取出故障特征。

（2）功率谱分析

功率谱显示了信号的功率与频率之间的分布关系，反映了不同频段之内信号的能量大小。由于故障信号的能量在不同频段上的能量分布不同，因此通过功率谱分析可以提取出故障信息。

（3）倒谱分析

倒谱分析是对功率谱再进行一次傅里叶变化得到，利用倒谱技术可以分析复杂频谱上的周期结构，使周期结构便于识别。

（4）共振解调分析

共振解调分析是将轴承作为谐振体，利用轴承故障会激起谐振的现象，放大故障冲击引起的高频共振响应，通过包络检波方法（如 Hilbert 变换）提取低频成分并进行频谱变换，最后得到包络谱图，在图上找到故障的频率信息，从而得到故障的类型及部位。

虽然频域分析故障诊断方法在工程实践中取得了一定效果，但由于其不提供任何时域信息，所以存在一定不足。

3. 时频域分析故障诊断方法

由于轨道交通滚动轴承在实际工作时受各种工作状况的影响，一般产生的是非线性、非平稳振动信号，信号中不仅包含有用故障信息，也会包含一些噪声等干扰信息。这时需要将时域和频域二者结合起来，才能更好地表示该类信号的局部特征。常用的时频域分析故障诊断方法有短时傅里叶变换、小波变换、小波包分解、经验模态分解、局部均值分解、变分模态分解等。

（1）短时傅里叶变换

为了解决傅里叶变换不能给出在各个局部时间范围内部频谱上的谱信息描述，Gabor 于 1946 年给出时间局部化的窗函数，提出窗口傅里叶变换即短时傅里叶变换（Short-Time Fourier Transform，STFT）。短时傅里叶变换的基本思想是把时域和频域分解为大小相等的小窗口，用以确定时变信号其局部区域正弦波的频率与相位，然后移动窗函数，从而可进行各个不同时刻的频率与相位的分析，这种做法导致了对信号的任何部分都采用了相同的时间和分辨率，无法同时获得较高的频率分辨率和时间分辨率，即海森堡提出的"测不准原理"。短时傅里叶变换法仅适用于缓变信号的分析。

（2）小波变换

小波变换（Wavelet Transform，WT）继承和发展了短时傅里叶变换局部化的思想，同时又克服了窗口大小不随频率变化等缺点，能够提供一个随频率改变的"时间-频率"窗口。利用小波变换将信号分割为很多层次，分析认为有用的频段，从而获取轴承的故障特征频率。具有适合变化频率的可变窗宽，能更好地"显微"出信号中短时高频现象，特别适合分析短时冲击信号。虽然小波变换对信号的局部特征比短时傅里叶变换中得到的更精确，但存在母小波选择缺少基准的问题，对母小波的选择应该能很好地贴合原始信号中的某些特征。另一方面,小波变换同样无法完全处理信号的非线性和非稳定性问题,这种信号处理方法不具自适应性。

（3）小波包分解

小波包分解（Wavelet Packet Decomposition,WPD）是从小波分析延伸出来的一种对信号进行更加细致分析与重构的方法。小波包变换的基函数的伸缩和平移能形成一系列变化的时频窗,低频处时窗变宽,高频处时窗变窄,而频窗的变化正好相反,它是处理非线性、非稳态信号的有力工具。小波包变换将频带多层次划分,并对在小波变换中没有被细分的高频部分进一步分解,可根据实际需求自适应地选择频带,使其与信号频谱相匹配,以达到提高时频分辨率的目的。但小波包分解的方法会受到小波基函数的选择及分解等级的影响。

（4）经验模态分解

经验模态分解（Empirical Mode Decomposition,EMD）是一种自适应的、完备的信号分解方法且具有较好的正交性,由 N. E. Huang 于1998年提出。一个非平稳的振动信号通过 EMD 可以分解为一系列的平稳的子信号,称为本征模态函数（Intrinsic Mode Functions,IMFs）。EMD 通过不断地进行包络的筛分,将原始信号从高频率到低频率进行分解,得到 IMFs,而IMFs 本质上是一系列的带通滤波器。EMD 具备较好的自适应性,且 IMFs几乎正交,克服了小波变换缺乏自适应的缺点。但是 EMD 存在端点效应、迭代终止条件、模态混叠等问题,需要深入研究。

（5）局部均值分解

局部均值分解（Local Mean Decomposition,LMD）同样是一种自适应时频分析方法,由 Jonathan S. Smith 于2005年提出的,其给出了包络估计和局部均值函数的定义,在不断平滑信号的过程中得到瞬时频率相应的包络信号和纯调频信号,并将这2种信号相乘得到一个为单分量的调幅-调频信号的 PF（Product Function）分量,其中每一个 PF 分量由一个包络信号和一个纯调频信号直接求出。包络信号就是该 PF 分量的瞬时幅值,而 PF 分量的瞬时频率则可以由纯调频信号直接求出,进一步将所有 PF 分量的瞬时幅值和瞬时频率组合,便可以得到原始信号的完整的时频分布。LMD 对处理非平稳和非线性信号非常有效,尤其是处理多分量的调幅-调频信号。但是端点效应、迭代终止条件、模态混叠等问题仍然存在,还需要深入研究。

（6）变分模态分解

变分模态分解（Variational Mode Decomposition,VMD）由 Dragomiretskiy

和 Zosso 于 2014 年提出,是一种固有的、非递归的、自适应的信号分解方法。与 EMD 通过递归筛分不同,VMD 是一种整体框架下的变分问题,通过迭代不断更新每个 IMF 的带宽和中心频率,使得 IMFs 的带宽总和最小,以获得最佳的 IMFs 和中心频率。VMD 分解后的 IMFs 实质上是一系列的 Wiener 滤波器,而滤波中心频率会在 IMFs 更新过程中自适应的确定。因此,相较于 EMD,VMD 有更好的抗噪和抗模态混叠能力。

1.3.2　基于数据驱动的诊断方法

基于数据驱动的故障诊断方法是通过不断的学习历史数据,挖掘数据的内在结构,揭示数据的分布规律,获取相应的数据特征,对轴承的故障进行诊断。基于数据驱动的故障诊断方法具体包括基于数据挖掘(也称传统机器学习)的故障智能诊断方法和基于深度学习的故障智能诊断方法[47-256]。

1. 基于数据挖掘的故障智能诊断方法

数据挖掘是人工智能领域研究的热点,是指从大量的数据中挖掘出隐含的、未知的、有潜在价值的、对决策有价值的知识和规则。数据挖掘通过一定的机器学习算法从大量数据中挖掘出有用的信息。数据挖掘的机器学习算法主要包括神经网络法、决策树法、遗传算法、粗糙集法、模糊集法、关联规则法、K 均值聚类等。

基于数据挖掘的故障智能诊断的核心是故障诊断模型的构建,主要包括以下步骤,如图 1.1 所示。

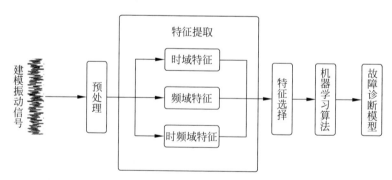

图 1.1　基于数据挖掘的故障智能诊断

第一步:对经过预处理后的振动信号数据进行某种数据变换或特征空间映射,如小波变换、经验模态分解等,通过变换使数据特征更容易提取;

第二步：通过信号处理和数值计算获取反映振动信号某些特性的特征数据，如峰值因子、峭度指标、裕度系数、功率谱等；

第三步：对提取的数据特征进行特征选择。特征选择主要是在高维特征数据中寻找出低维特征以便提高轴承诊断算法的准确度和运行速度。特征选择的算法有主分量分析（Principal Components Analysis，PCA）、独立分量分析（Independent Components Analysis，ICA）、自编码器（Auto Encoder，AE）等。

第四步：将这些特征数据输入基于数据挖掘的机器学习算法中，建立相应的决策表或决策树并生成故障判决规则，或者建立相应的多层网络结构体现输入和输出之间复杂的映射关系并生成不同故障类型的故障诊断模型。

针对待诊断轴承振动信号数据，经预处理、特征提取与特征选择，应用生成的故障诊断模型，可实现对故障的诊断与识别。

基于数据挖掘的故障智能诊断方法所采用的机器学习算法主要分为两大类：一类是有监督的分类方法，如支持向量机、决策树、神经网络等；另一类是无有监督的分类方法，如 K 均值聚类、关联规则等。其中支持向量机和神经网络法被广泛应用在轨道交通轴承故障智能诊断系统中。但这种故障智能诊断方法在进行特征提取和特征选择降低数据复杂度的同时，也失去了许多原始数据中包含的细节信息，这使得故障诊断模型的识别准确率十分依赖于提取出来的人工特征的有效程度。基于数据挖掘的故障诊断方法多应用于小规模数据集。

2．基于深度学习的故障智能诊断方法

深度学习是一种可以自我学习数据特征知识的深度神经网络学习方法，可以从数据中自我学习，获得数据中隐藏的潜在信息，从而可以获取更完整的特征值，其实质是将原始数据从一个空间映射到另外一个空间，也可以理解为对原始数据的特征学习，特征学习包括两类：一类是有监督的特征学习，它是利用已知类别的样本去优化网络结构的参数，从而得到所需要的最优模型，训练好以后用学习到的特征对新来的数据进行分类；另一类是无监督的特征学习，它是直接对输入数据建模，将相似度高的数据放在一起，那么对于新数据可以通过计算相似度来判断其属于哪一类，从而达到分类的目的。研究表明，基于深度学习的故诊断方法能大幅度提升分类器的结果。

基于深度学习的故障智能诊断方法可以不依赖人工获取特征,这是由于深度神经网络本身就具有数据学习能力和泛化推理能力。深度神经网络通过逐层非线性映射和多层网络结构的结合,具有很强的特征提取能力,适用于大数据下高维非线性数据的分析处理。对于深度学习方法,在知识获取上,可以将历史数据作为输入来训练深度神经网络,通过深度神经网络的自主学习获取相应的特征;在特征表示和智能推理上,深度神经网络通过自主学习,以各个神经元的权重参数的形式表示知识,实现自主推断,由于深度神经网络本身具有特征空间映射和特征提取的能力,因此可进行端到端的智能化诊断,这样不仅保留了原始数据中丰富的细节信息,同时还简化了整个故障诊断过程,将故障诊断提高到更智能化的水平。

尽管深度学习方法在故障诊断方面具有特征提取简单、诊断准确率更高的优势,其在轴承故障诊断领域的研究和应用目前还处于起步阶段,基于深度学习的轴承故障智能诊断的研究与应用有较大的发展与深入空间,探索如图 1.2 所示的基于卷积神经网络(CNN),深度信念网络(DBN),循环神经网络(RNN)等深度学习的故障智能诊断方法是现代轴承故障智能诊断的新研究方向。

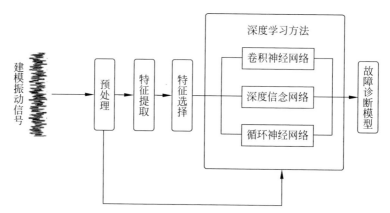

图 1.2　基于深度学习的故障智能诊断

轨道交通轴承结构及振动机理

轨道交通轴承基本上采用滚动轴承,本章主要介绍轨道交通滚动轴承结构,包括轨道交通轴承分类、轴承结构分析、轴承故障表现与故障原因;以及轨道交通轴承振动机理,包括滚动轴承的固有振动、涉及轴承载荷及弹性的振动、轴承制造或装配不良引起的振动、轴承各类故障引起的振动。

2.1 轨道交通轴承结构

2.1.1 轨道交通运用轴承分类

轴承是轨道交通车辆运营安全的关键零部件,轨道交通运用的轴承一般都是滚动轴承,主要包括牵引电动机轴承,轴箱轴承,齿轮箱轴承等。

1. 牵引电动机轴承

牵引电动机是实现轨道交通车辆高速化的关键设备之一。牵引电动机轴承主要承受径向载荷,由于受运行时转向架振动的影响,轴承还需承受一定的动载荷,实现频繁的运转、停止循环作业。

牵引电动机轴承一般选用圆柱滚子轴承(传动侧,如图 2.1 所示)和深沟球轴承(换向器侧,如图 2.2 所示)。通常 CRH5 型动车组上使用的牵引电动机轴承更换周期为 2.5×10^6 km,使用有高热特性的油脂将轴承绝缘并对其润滑,润滑周期为 1.2×10^5 km。

2. 轴箱轴承

轴箱轴承需承受整个车辆的车体重量及载重,还需承受运行中车辆摇摆

图 2.1　圆柱滚子轴承

图 2.2　深沟球轴承

产生的各个方向的力。除了承受静态及动态径向载荷外,还承受非恒定的轴向载荷。随着车辆的高速化,为保证车辆的运行稳定性,要求车轴结构零件尽可能轻量化、小型化,即需要轴箱轴承实现紧凑化设计。

　　轴箱轴承一般选用双列圆锥滚子轴承,如图 2.3 所示,采用脂润滑免维护密封式可使维修简化,并可通过减小轴承的轴向间隙提高运行稳定性。通常 CRH5 型动车组转向架上使用的轴箱轴承,如 SKF 公司的圆锥滚子轴承 TBU $\phi130\times\phi230\times160$ 的更换周期为 2.5×10^6 km,大修周期为每 1.5×10^6 km。

3. 齿轮箱轴承

　　齿轮箱轴承的作用是作为支承,在承受运行振动的同时,将旋转力平稳地传递到车轴。齿轮箱由牵引电动机驱动,用万向轴连接齿轮箱和牵引电动机。牵引电动机的转矩通过联轴节先传递到齿轮装置上的小齿轮轴,再由小齿轮传递到压装在车轴上的大齿轮,最后转化为车轮系统的驱动力或制动力。

　　齿轮箱轴承大多采用一对单列圆锥滚子轴承的组合,如图 2.4 所示,圆锥滚子轴承的轴向游隙需要在装配过程中精确调整;也可使用不需要在装配

图 2.3　双列圆锥滚子轴承

图 2.4　单列圆锥滚子轴承

中调整轴向游隙的轴承,如采用三点或四点接触球轴承与圆柱滚子轴承的组合。齿轮箱轴承与齿轮共同使用润滑油。

2.1.2 轨道交通轴承结构分析

轨道交通轴承采用的轴承是滚动轴承,其原理是将运转的轴与轴座之间的滑动摩擦变为滚动摩擦,从而减少摩擦损失。滚动摩擦损失少因而效率高,同时滚动轴承结构紧凑,润滑比较容易实现,装配也方便,这使得滚动轴承在轨道交通车辆应用中起着关键甚至不可替代的作用。

轨道交通滚动轴承是一种精密的机械元件。滚动轴承一般由外圈、滚动体、保持架和内圈四部分组成,如图 2.5 所示。

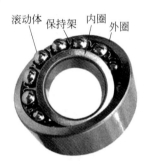

图 2.5　滚动轴承部件结构图

（1）外圈:作为轴承的最外层,其主要起到支撑和保护作用,通常装配在轴承座和机壳上。

（2）滚动体:从外向内看与外圈直接相接触的就是滚动体,借助于保持架滚动体均匀地分布在内圈和外圈之间,是滚动轴承的核心部分,其形状大小和数量直接影响着滚动轴承的使用性能和寿命。滚动体的作用是将滑动摩擦转换为滚动摩擦。

（3）保持架:保持架主要作用是固定滚动体,使滚动体均匀分布,防止滚动体脱落,引导滚动体旋转起润滑作用,还有改善轴承内部载荷分配作用。

（4）内圈:内圈是轴承最内部的部件,它与传动轴装配在一起,并且随其一起转动。

滚动轴承结构示意图如图 2.6 所示,在研究滚动轴承时,通常为其定义一些参数,以达到规范研究的作用。这些参数主要包括:

D——滚动体中心圆直径,单位为 mm;

α——接触角,单位为角度或弧度;

d——滚动体直径,单位为 mm;

z——滚动体个数,单位为个;

n——轴的转速,单位为 r/min。

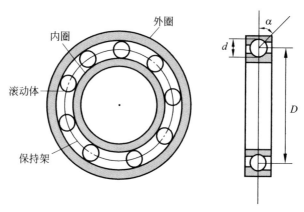

图 2.6　滚动轴承结构示意图

2.1.3　轨道交通轴承故障表现

滚动轴承不仅是轨道交通车辆旋转机械件中的主要部件之一,同样也是旋转机械中最容易发生故障的部件之一。据统计,旋转机械约 30% 的运行问题是由轴承故障造成的。轴承自身工作状态的优劣对车辆的安全运行影响极大。一旦滚动轴承发生故障,会导致其不正常振动,不仅损害自身元件,其非正常振动会引发其他相关联部件的不良作业,甚至引起机器部件设备的损坏,严重时直接影响车辆的安全运行,导致重大安全事故发生。

滚动轴承的主要故障表现形式归纳起来有如下几种情况。

1. 疲劳剥落

滚动轴承在正常工作运转时,滚道和滚动体之间不仅承受载荷又有相对滚动,在工作到一定时间后,轴承会首先在表面下的剪应力最大处出现裂纹,这些裂纹进而会慢慢扩展到接触表层形成剥落坑,发展到最后出现大片剥落,形成疲劳剥落。疲劳剥落是轴承失效的主要原因。一个轴承的寿命,就是指轴承中任一滚动体或滚道上出现疲劳剥落之前的总转数。该类故障形式的原因是滚动表面的金属由于运转时的应力循环数超过材料的疲劳极限从而引起疲劳剥落,如图 2.7 所示。

2. 表面磨损

在滚动轴承工作运转时,滚动体与内外圈滚道的相对运动会引起轴承表面的磨损,如图 2.8 所示。轴承润滑不良、装配不当或者外界杂物的侵入都会加剧轴承表面磨损。当磨损量较大时,会导致轴承之间的游隙变大、不仅降低了轴承的旋转精度,还会带来机器的振动和噪声。因此,表面磨损量也就成为限定轴承使用寿命的主要因素之一。

图 2.7　滚动轴承内圈疲劳剥落　　　　图 2.8　滚动轴承表面磨损

3. 腐蚀

腐蚀是滚动轴承的常见的故障表现形式之一。一方面,当轴承暴露在室外环境中或者周围环境的湿度较大时,空气或外界的水分会直接进入运转的轴承,从而会引起轴承的锈蚀。另一方面,轴承运转时,在滚动体和内外圈滚道互相接触的表面,可能有较大电流通过,电流通过极薄的油膜产生电火花放电,使轴承表面形成凹凸不平的凹坑与凸起,从而引起轴承电腐蚀。还有,若轴承工作在具有腐蚀性介质的环境中,由于轴承密封不严,还会引起化学腐蚀。

4. 断裂

断裂是轴承最危险的一种故障表现形式。在轴承工作运转状态下,当轴承承受的载荷远超过轴承滚道或滚动体的强度极限时或长期工作在疲劳状态下,则会引起轴承元件的断裂损坏。不仅如此,在对轴承进行加工磨削、热处理以及进行轴承与轴的装配时产生的残余应力、工作运转时产生的过大的热应力也很有可能造成轴承元件的突然断裂,造成轴承元件的损坏。

5. 胶合

胶合是指在轴承工作过程中接触表面热量积累温度升高引起金属从一

个表面黏附到另一表面上的现象。在润滑不良、高速、重载情况下,由于摩擦发热,轴承零件可以在极短时间内达到很高的温度,导致表面烧伤,或某处表面上的金属黏附到另一表面上,造成轴承元件的损坏。

6. 塑性变形

当轴承承受的载荷过大时,即它受到了巨大的冲击载荷或者静载荷时,或者由于热变形而引起额外的载荷,以及当有硬度较高的异物侵入轴承内部时,滚动体或者内外圈滚道就可能会发生塑性变形,造成轴承元件的损坏。一旦轴承出现以上的塑性变形,就会使轴承在工作运转时出现剧烈的振动以及发出刺耳的噪声。

2.1.4　轨道交通轴承故障原因

轨道交通轴承故障原因主要包括两方面,如图 2.9 所示。

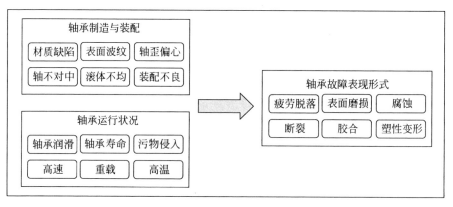

图 2.9　导致轴承故障的原因

(1) 与轴承制造及轴承装配有关:如加工生产滚动轴承时原材料存在缺陷、滚动体大小不均、轴承制造与轴承装配不良导致加工轴承时留下的表面波纹、轴弯曲或轴承装歪、轴承偏心、轴承不同轴、轴承装配过紧或过松,都可能造成其发生失效;

(2) 与轴承运行状况有关:如工作时轴承润滑不良油膜破裂、水分和异物侵入轴承内部、长时间腐蚀以及高速、高温、载荷过大等,以及滚动轴承经过一定时间的工作之后,其性能健康寿命不断降低,也会出现各种故障的表现,进而会发生故障失效,影响机械设备的正常运转。

2.2　轨道交通轴承振动机理

为了能够更好地从滚动轴承振动信号中提取出故障特征,找到故障原因,需要对轴承振动机理进行分析。轨道交通滚动轴承的振动,如图2.10所示,可分为四大类。第一类是滚动轴承的固有振动,第二类是与轴承载荷及弹性有关的振动,第三类是轴承制造或装配的原因引起的振动,第四类是与轴承各类故障相关的振动。

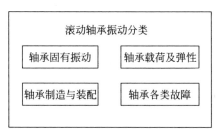

图 2.10 滚动轴承振动分类

2.2.1　滚动轴承的固有振动

滚动轴承的固有频率指的是轴承客观存在的频率,固有频率仅取决于元件本身的材料、形状和质量,与轴转速无关。轴承工作运转时,任何冲击性激振力都能激起的轴承各元件固有的振动频率。例如:一旦轴承元件出现疲劳剥落就会出现瞬态冲击,从而激发各种固有振动,所以利用这些固有振动是否出现,即可诊断是否疲劳脱落。通常,频谱图分析时,谱图上表现最明显的是轴承外圈的固有频率,这是因为外圈的固有频率相对较低,容易被激发显现出来。一般滚动轴承元件固有频率由数千赫兹到数万赫兹,是频率非常高的振动。

1. 轴承内外圈固有频率

轴承内外圈固有频率的计算公式是相同的,其径向弯曲振动固有频率的近似计算公式见式(2.1)。

$$f_n = \frac{n(n^2-1)\left(\dfrac{EIg}{\rho A}\right)^{\frac{1}{2}}}{2\pi\left(\dfrac{D}{2}\right)^2(n^2+1)^{\frac{1}{2}}} \tag{2.1}$$

式中：轴承内外圈固有频率 f_n 的单位为 Hz；n 为轴承内外圈固有振动的节点数，$n=2,3,\cdots$；E 为材料的弹性模量，单位为 kg/mm^2；I 为轴承内外圈横截面的惯性矩，单位 mm^4；g 为重力加速度，为 9800mm/s^2；ρ 为材料密度，单位为 kg/mm^3；A 为轴承内外圈横截面面积，$A=b\times h$，b 为圈宽度，h 为圈厚度，单位为 mm^2；D 为轴直径，单位为 mm。

2. 轴承滚动体固有频率

轴承滚动体固有频率的计算公式见式(2.2)。

$$f_b = \left(\frac{424\times 10^{-3}}{R}\right)\times\left(\frac{Eg}{2\rho}\right)^{\frac{1}{2}} \tag{2.2}$$

式中：轴承滚动体固有频率 f_b 的单位为 kHz；R 为轴承滚动体球半径，单位为 mm；其他 E、g、ρ 的含义与轴承内外圈固有频率计算公式中的相同。

2.2.2　涉及轴承载荷及弹性的振动

从原理上来说，不论轴承正常运转还是出现故障，与轴承载荷与弹性有关的振动都会发生，它虽然与轴承的故障没有关系，但是决定了振动系统的传递特性。

一方面，滚动轴承在载荷工作运转时，由于在不同位置的滚动体所承受的力大小以及承载滚动体数目不同，如图 2.11 所示，导致滚动体所承载刚度的变化，引起轴承的振动，它由滚动体公转而产生，这种振动有时称为滚动体的传输振动，其振动的主要频率成分为 zf_c，其中 z 为滚动体数目，f_c 为滚动体公转频率。

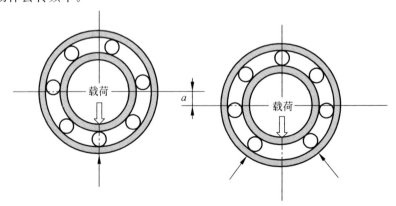

图 2.11　载荷下滚动轴承承载状态变化

　　另一方面,滚动轴承是靠内外圈滚道与滚动体的弹性接触来承受载荷的,具有弹簧的性质。当轴承润滑不良时,就会呈现非线性弹簧的特性,发生非线性振动。这种振动多半发生在深沟球轴承上,在调心球轴承及滚柱轴承上不常发生。这种振动的频率有轴的旋转频率 f_a,及高次谐波 $2f_a$,$3f_a$,…(轴承刚度呈对称非线性时),分数谐波 $\frac{1}{2}f_a$,$\frac{1}{3}f_a$,…(轴承刚度呈非对称非线性时)。

2.2.3　轴承制造或装配不良引起的振动

　　轴承加工时留下的表面波纹、滚动轴滚动体大小不均、轴弯曲或轴承装歪、轴承偏心、轴承装配过紧或过松,都可能引起轴承的振动。

1. 轴承表面波纹引起的振动

　　滚动轴承加工制造时可能会在滚道或者在滚动体的精加工面上留下波纹,当凸起数达到某一定值时,则会出现表 2.1 中所示的振动。

表 2.1　表面加工波纹振动

轴承元件	表面波纹引起的振动频率
内圈	$nf_i \pm f_a$
外圈	nf_o
滚动体	$2nf_b \pm f_c$

　　式中:f_i、f_o、f_b 分别表示缺陷位置在轴承内圈、外圈、滚动体,所引起的内圈缺陷间隔频率、外圈缺陷间隔频率、滚动体缺陷间隔频率,单位为 Hz。

2. 滚动体大小不均引起的振动

　　滚动体大小的不均匀会导致轴心不断的变动,其振动频率为滚动体公转频率 f_c 及高次谐波与轴的旋转频率 f_a 的合成,即 $nf_c \pm f_a (n=1,2,3,\cdots)$。频率数值一般在 1kHz 以下。

3. 轴承装歪或轴弯曲引起的振动

　　轴承的弯曲会引起轴上所安装轴承的偏移,因此轴在转动时就会引起轴承的振动,其振动频率为 $nf_c \pm f_a (n=1,2,3,\cdots)$。其中,$f_c$ 为滚动体公转频率,f_a 为轴的旋转频率。

4. 轴承偏心引起的振动

当轴承滚道偏心时,就会引起内圈与轴绕着外圈的中心进行振动,其振动频率为轴的旋转频率 f_a,及高次谐波 $2f_a$,$3f_a$,…。

5. 装配过紧或过松引起的振动

轴承装配过紧或过松都会引起滚动体的振动,当滚动体在通过特定位置时,都会产生频率相应于滚动体通过周期的周期振动,其振动频率为滚动体的通过频率 f_o,也是外圈间隔频率。

2.2.4 轴承各类故障引起的振动

滚动轴承表面损伤振动,是轨道交通轴承故障中最常遇到的一种形式,它往往呈现为轴承元件表面疲劳点蚀、擦伤、烧伤、电蚀、保持架损伤、内外圈断裂、滚动体失圆、滚道表面剥离等。当滚动体和内外圈滚道接触处遇到一个局部缺陷时,就会产生一个冲击信号。缺陷在不同的元件上,接触点通过缺陷的频率是不同的,这个频率就称为缺陷的间隔频率,也可称为故障特征频率。

由不同部位的局部缺陷所引起的冲击振动发生的间隔频率的计算公式见表2.2。

表 2.2 不同部位引起的缺陷间隔频率公式

缺陷位置	冲击振动发生的间隔频率
内圈	$f_i = \dfrac{1}{2} f_a \left(1 + \dfrac{d}{D}\cos\alpha\right) z$
外圈	$f_o = \dfrac{1}{2} f_a \left(1 - \dfrac{d}{D}\cos\alpha\right) z$
滚动体	$f_b = \dfrac{1}{2} f_a \left(1 - \dfrac{d^2}{D^2}\cos^2\alpha\right) \dfrac{D}{d}$

式中:f_i、f_o、f_b 分别表示缺陷位置在轴承内圈、外圈、滚动体,所引起的内圈缺陷间隔频率、外圈缺陷间隔频率、滚动体缺陷间隔频率,单位为Hz;D 为滚动体中心圆直径,单位为 mm;d 为滚动体直径,单位为 mm;α 为接触角,单位为角度或弧度;z 为滚动体个数;f_a 为轴的旋转频率,单位为 Hz。

尽管滚动轴承振动的特征频率十分复杂,但由于滚动轴承最常见的故障类型是疲劳剥落、表面磨损、腐蚀、断裂等。因此,对基于特征频率的滚动轴承故障研究,可首先分析内圈 f_i、外圈 f_o、滚动体 f_b 三个缺陷间隔频率,此类轴承振动多属于低频冲击振动,一般滚动体的间隔频率在 1kHz 以下。其次考虑,在轴承运转过程中,元件的表面损伤点与其他元件表面相接触,此时会产生突变的,频带较宽的冲击脉冲,若与系统固有的高频频率相互作用,会激发系统发生高频固有振动,因此还需分析内外圈、滚动体的固有频率。

第3章 chapter 3

轨道交通轴承故障诊断技术概述

轨道交通轴承故障诊断的核心是故障诊断的方法和技术，轴承故障振动分析法是现代轨道交通轴承故障诊断方法中最有效和最常用的方法。本章主要介绍轨道交通轴承振动信号采集和信号数据预处理技术，轨道交通轴承故障特征提取技术与特征选择技术，以及轨道交通轴承故障模式智能诊断技术。

3.1 轴承振动信号采集与预处理技术

3.1.1 轴承振动信号采集技术

轨道交通轴承振动信号的数据采集是轨道交通轴承故障诊断的前提。振动信号的幅值、频率、相位信息能够准确反映机械运行情况，可以被作为机械状态识别与故障诊断分析中的信息依据。通常通过振动传感器采集轨道交通滚动轴承振动信号，并通过信号采样将传感器采集到的电信号转换成诊断所需的数字信号。

1. 轴承振动信号采集原理

（1）振动传感器工作原理

振动传感器是用于检测冲击力或者加速度的传感器，是滚动轴承监测诊断过程中最常用的一种传感器。振动传感器并不是直接将原始要测的机械量转变为电量，而是将原始要测的机械量作为振动传感器的输入量，然后由机械接收部分接收，形成另一个适用于变换的机械量，最后由机电变换部分再将变换为电量。因此一个传感器的工作性能是由机械接收部分和机电变换部分的工作性能来决定的。振动传感器根据振动物理量分为位移传感器、速度传感器、加速度传感器三种，其中位移探头测量转轴与轴承座之间的相对振动，速度计与加速度计反映了转轴与轴承之间相对作用力引起的轴承座的绝对振动，其中加速度计具有动态范围大、有效幅值以及频率范围宽、可靠性高、尺寸小、质量轻便等显著优点。

（2）振动信号采样定理

传感器采集到的电信号具有连续的形式。为了信号能被计算机处理，需要将电信号转换成数字信号。这一转换过程是通过对电信号在各个离散的瞬间进行取样完成的，即将电信号的幅度数字化成一系列数字的过程。

采样过程所应遵循的规律称为采样定理，它是指如果电信号带宽小于奈奎斯特频率（即采样频率的二分之一），那么此时这些离散的采样点能够完全表示原信号。高于或处于奈奎斯特频率的频率分量会导致混叠现象。大多数应用都要求避免混叠，混叠问题的严重程度与这些混叠频率分量的相对强度有关。采样定理说明采样频率与信号频谱之间的关系，是连续信号离散化的基本依据。

2. 轴承振动信号采集方法

（1）轴承振动传感器选择、安装部署

振动传感器的选择与安装直接影响采集信号的有效性和故障诊断的可靠性。

基于测量对象与测量环境，选择振动传感器时首先要考虑如下因素：传感器量程的大小、被测位置对传感器体积的要求、接触式还是非接触式测量、有线或无线通信等，然后确定传感器类型，考虑灵敏度、频率响应特性、线性范围和精度等具体性能指标。

振动传感器安装通常应选在轴承座上；对轴承座安装在内部的，传感器安装测点位置应在与轴承座连接刚性高的部分或基础上。测点有垂直、水平和轴向三个方向可供选择，每次测定的位置均不应变化，使前后不同时间内测得的数据具有可比性。

轴承在运转时，轨道接触面上的高低不平和局部缺陷所产生的冲击性振动，将以压缩波的形式从接触点出发呈半球波面向外传播，在信号传播的路径上如果遇到材料的转近处、尖角形状或两个零件的配合界面时，由于波的折射和反射将引起很大的能量损耗，因此振动传感器的具体安装位置应使其接收方向指向滚道的负荷方向,并且要求轴承与传感器之间尽可能减少中间界面。

对于永久性轴承振动信号测试测点,传感器采取刚性的机械连接,例如黏结、夹紧,或用螺栓固定。必须保证连接的牢固,否则连接部位松动会产生虚假的振动信号。对于临时性轴承振动信号测试测点,最好配备永磁铁制成的磁座,用螺栓将传感器与磁座连为一体,测量时磁座吸附在被测物表面。

(2)采样频率的选择

基于振动信号采用定理,针对频带为 F 的连续时域信号 $f(t)$ 可用一系列离散的采样值 $f(t_1),f(t_1+\Delta t),f(t_1+2\Delta t),\cdots$ 来表示,只要这些采样点的时间间隔 $\Delta t \leqslant 1/2F$,便可根据各采样值完全恢复原来的信号 $f(t)$。或者针对频谱受限的时域信号 $x(t)$,如果其最高频率分量为 ω_m(或 f_m),为了保留原信号的全部信息,或能无失真地恢复信号,在通过采样得到离散信号时,其采样频率应满足 $\omega_s \geqslant 2\omega_m$(或 $f_s \geqslant 2f_m$)。通常把最低允许的采样频率 $\omega_s = 2\omega_m$ 称为奈奎斯特频率。

3.1.2　轴承振动信号数据预处理技术

轨道交通轴承振动信号预处理的效果直接关系到故障诊断的准确性,是故障诊断的一个重要内容,尤其对被严重噪声干燥的信号尤为重要。通常信号预处理方法包括去除趋势项、信号降噪处理、零均值化处理等。

1. 去除趋势项

趋势项是指样本记录中样本周期大于记录长度的频率成分,它通常是由测试系统本身引起的一种趋势误差。数据中的这种长周期趋势项,会造成低频时的谱估计失去真实性,所以从原始数据中去除趋势项是一项非常重要的数据预处理工作。

去除趋势项最常用的方法是最小二乘法,这种方法既能去除数字信号中的线性趋势项,又能去除非线性高阶多项式趋势项经验。应用最小二乘法去除趋势项的具体方法如下:

① 设采集到的振动信号数据为 $\{x(i)\},(i=1,2,\cdots,N)$。构造一个 p 阶多项式来拟合振动信号数据:

$$f(i)=a_0+a_1 i+a_2 i^2+\cdots+a_p i^p=\sum_{k=0}^{p} a_k i^k \tag{3.1}$$

② 根据最小二乘法原理,确定 $f(i)$ 中各个待定系数的值 a_k,依据使 $f(i)$ 与数据 $x(i)$ 的误差平方和达到最小,即

$$E = \sum_{i=1}^{N} \left[f(i) - x(i) \right]^2 = \sum_{i=1}^{N} \left[\sum_{k=0}^{P} a_k i^k - x(i) \right]^2 \qquad (3.2)$$

为使 E 最小,可令 E 对各阶系数的偏导数等于零,即

$$\frac{\partial E}{\partial a_r} = 0 \quad (r = 0, 1, 2, \cdots, p) \qquad (3.3)$$

可得到 $p+1$ 元的线性方程组:

$$\sum_{k=0}^{p} a_k \sum_{i=1}^{N} i^{k+r} = \sum_{i=1}^{N} x(i) i^r \qquad (3.4)$$

给定需要拟合的单边点数 N,多项式的阶次 P 以及待拟合的数据 $x(1), x(2), \cdots, x(N)$,就可求得待定系数 a_k 的值。

③ 将系数 a_k 代入多项式 $f(i)$ 中,即可达到去除趋势项后的振动信号数据。

2. 信号降噪处理

经传感器采集到的轴承振动信号,除包含有效的故障信号信息外,还包含有噪声和许多与被测信号无关的信号,这些信号一般具有非线性非平稳特征,有时还会呈现出相互混叠现象,此时直接进行特征分析并不能够准确提取振动信号的故障特征。传统的信号降噪方法通常采用滤波器设置不同的通带方法,但这种方法仅适用于信号与噪声具有不同频带分布的情况。对于轴承振动信号来说,由于存在与噪声信号在频带上相互混叠难以分类现象,因此需要更好的降噪处理方法。振动信号降噪处理中常用的方法有小波变换方法、卡尔曼滤波方法等。

(1) 小波变换方法

小波变换的概念是由 J. Morlet 在 1974 年首先提出的,它是一个去除噪声提取有用信号的有效工具。使用小波变换,一个信号可以被分解成不同尺度,每个尺度的子信号代表着原始信号的一部分分量。从这些分解出的各尺度子信号分量中,可以分别提取有用振动信号和噪声信号。在小波变换应用中有三个关键参数:小波母函数,分解层级尺度数量和小波系数截取阈值。小波分解层级尺度数量会影响信号的分离效果,小波分解层级尺度越多,信号分离效果越好,但同时意味着计算时间越长。

小波降噪的基本思路是对含有噪声的振动信号选择适当的小波包基函

数和分解层数,将信号进行小波分解,再利用阈值函数对小波系数进行截取处理,最后将处理后的小波系数重构得到降噪信号。降噪的主要目的是滤除信号中的噪声,小波降噪的关键在于处理由噪声产生的小波系数,所以使用不同的阈值函数进行降噪会产生不同的降噪效果。

小波变换相关定义如下:

设函数 $f(t)$ 为一平方可积函数,记作 $f(t) \in L^2(R)$,$\psi(t)$ 为小波母函数,并满足条件:

$$C_\psi = \int_{-\infty}^{+\infty} \frac{|\Psi(\omega)|^2}{|\omega|} \mathrm{d}\omega < \infty \tag{3.5}$$

式中,$\Psi(\omega)$ 是 $\psi(t)$ 的傅里叶变换。

设尺度参数 a 为伸缩因子,尺度参数 b 为平移因子,将小波母函数 $\psi(t)$ 进行伸缩和平移得到小波基函数 $\psi_{a,b}(t)$,它是小波母函数 $\psi(t)$ 经过一系列伸缩和平移后得到的函数族。

$$\psi_{a,b}(t) = \frac{1}{\sqrt{2}} \psi\left(\frac{t-b}{a}\right) \quad a > 0 \tag{3.6}$$

函数 $f(t)$ 的小波变换为

$$W_f(a,b) = \int_{-\infty}^{+\infty} f(t) \frac{1}{\sqrt{a}} \psi^*\left(\frac{t-b}{a}\right) \mathrm{d}t \tag{3.7}$$

式中,$\psi^*(t)$ 为 $\psi(t)$ 的共轭。

函数 $f(t)$ 在小波基函数 $\psi_{a,b}(t)$ 下的展开,称为函数 $f(t)$ 的连续小波变换(Continue Wavelet Transform,CWT),定义如下:

$$f(t) = C_\psi^{-1} \iint_{R^2} W_f(a,b) \frac{1}{a^2} \psi_{a,b}(t) \mathrm{d}a \, \mathrm{d}b \tag{3.8}$$

连续小波变化的概念及其公式,更适用于理论的分析。若采用计算机技术进行小波变换,需要将小波变换进行离散化,以适用于数字计算机的处理。离散小波变换(Discrete Wavelet Transform,DWT)是相对于连续小波变换(CWT)的变换方法,本质上是对参数 a 和 b 进行离散化。

轴承振动信号中,多数有用的振动信号包含在低频分量中,少量的有用信号和噪声包含在高频分量中。虽然小波分析可以提取有用的信号,但它每次只对信号的低频部分进行分解。若要同时提取高频部分的有用信号,可进一步采用小波包分解的方法,能同时对信号低频和高频进行分解。

(2)卡尔曼滤波方法

卡尔曼滤波是由 Kalman 于 1960 年提出的,是一种对系统的状态进行估计来消除噪声的滤波方法。卡尔曼滤波的原理是利用前一时刻的估计值和当前时刻的观测值来对当前时刻系统状态进行最优估计。实际的测量信号受到过程噪声和测量噪声的影响,与预测输出存在差异。卡尔曼滤波实时更新系统状态估计的协方差矩阵,并利用上一时刻的滤波误差协方差和此时刻的预测误差协方差计算出卡尔曼滤波中的卡尔曼增益,实现对当前时刻的状态变量进行最优估计。在不断递推系统滤波过程时,在每一步滤波中,都引入系统新的测量数据作为信息补充,在滤波迭代过程中,可以及时修正对系统状态的估计值,减小状态估计误差,卡尔曼滤波算法适用于计算平稳或非平稳随机系统。

卡尔曼滤波线性状态方程离散形式如下:

$$\boldsymbol{x}_{k+1} = \boldsymbol{A}\boldsymbol{x}_k + \boldsymbol{B}u_k + \boldsymbol{w}_k \tag{3.9}$$

$$y_k = \boldsymbol{H}\boldsymbol{x}_k + \boldsymbol{v}_k \tag{3.10}$$

式中,$\boldsymbol{x}_k$,$\boldsymbol{x}_{k+1}$ 为 k 和 $k+1$ 时刻的状态向量;$\boldsymbol{w}_k$ 是 k 时刻的系统噪声向量;u_k 为 k 时刻的系统输入;y_k 为 k 时刻的系统输出,即观测值;$\boldsymbol{v}_k$ 为 k 时刻的测量噪声向量;$\boldsymbol{A}$ 为状态转移矩阵;$\boldsymbol{B}$ 为系统的输入矩阵;$\boldsymbol{H}$ 为系统的输出矩阵。$\boldsymbol{w}_k$ 和 $\boldsymbol{v}_k$ 是由系统参数不确定性和传感器误差引起的,且互不相关。取两种噪声引起的误差协方差矩阵分别为 $\boldsymbol{Q}$ 和 $\boldsymbol{R}$。

卡尔曼滤波器的时间更新状态估计如下:

$$\hat{x}_k^- = \boldsymbol{A}\hat{x}_{k-1} + \boldsymbol{B}u_{k-1} \tag{3.11}$$

$$\boldsymbol{P}_k^- = A P_{k-1} \boldsymbol{A}^{\mathrm{T}} + \boldsymbol{Q} \tag{3.12}$$

式中:$\hat{x}_k^-$ 为 k 时刻的状态方程的先验状态估计,即在没有使用该时刻观测 y_k 得到的状态估计值;$\hat{x}_{k-1}$ 为 $k-1$ 时刻的后验状态估计,即使用了该时刻观测 y_{k-1} 得到的状态估计值;$\boldsymbol{P}_k^-$ 为 k 时刻的先验状态估计的误差协方差矩阵,$\boldsymbol{P}_{k-1}$ 为 $k-1$ 时刻的后验状态估计的误差协方差矩阵。

卡尔曼滤波器的状态更新如下:

$$\boldsymbol{K}_k = \boldsymbol{P}_k^- \boldsymbol{H}' (\boldsymbol{H}\boldsymbol{P}_k^- \boldsymbol{H}' + \boldsymbol{R})^{-1} \tag{3.13}$$

$$\hat{x}_k = \hat{x}_k^- + \boldsymbol{A}\boldsymbol{K}_k (y_k - \boldsymbol{H}\hat{x}_k^-) \tag{3.14}$$

$$\boldsymbol{P}_k = (\boldsymbol{I} - \boldsymbol{K}_k \boldsymbol{H}) \boldsymbol{P}_k^- \tag{3.15}$$

式中:$\boldsymbol{K}_k$ 为卡尔曼滤波增益;$\boldsymbol{I}$ 为相应维数的单位矩阵,$\hat{x}_k$ 为 k 时刻的后验状态估计,即 k 时刻的滤波后的输出。

3. 零均值化处理

零均值化处理就是对数据序列中的每一个值减去其均值,使得到的新序列的均值为零。零均值化处理也叫中心化处理,零均值化处理对信号的低频段有特殊的意义。这是因为信号的非零均值相当于在此信号上叠加了一个直流分量,而直流分量的傅里叶变换是在零频率处的冲击函数,将在零频率处出现一个很大的谱峰,会影响在零频率左、右处的频谱曲线,使之产生较大的误差。零均值化处理的方法如下:

① 设采集到的振动信号数据为 $\{x(i)\}, (i=1,2,\cdots,N)$,计算其均值 μ。

$$\mu = \frac{1}{N} \sum_{n=1}^{N} x(i) \tag{3.16}$$

② 通过零均值化处理,构建一个新的信号数据 $\{u(i)\}, n=1,2,\cdots,N$。

$$u(i) = x_i - \mu \tag{3.17}$$

对一些多维的样本数据,为提高样本数据分析的精度和加快数据分析寻求最优解的速度,通常会在零均值化处理的基础上再除以标准差,完成样本数据的标准化处理。

3.2　轨道交通轴承故障特征提取技术

故障特征提取是通过一系列的方法处理原始信号包含的所有信息,提取出有用信息,形成表现轴承设备运行状态的特征集合。而特征提取的方法需要根据信号的本质进行选取。

根据处理轨道交通轴承振动信号特征的不同,特征提取方法大致分为平稳信号分析方法和非平稳信号分析方法。平稳信号分析方法有时域特征提取和频域特征提取方法,非平稳信号分析方法有多种包络分析特征提取方法。

3.2.1　轴承振动信号故障时域特征提取方法

轴承振动信号时域特征提取方法为时域统计指标提取,主要是通过观测时域指标的变化,选取变化最明显的时域统计指标作为故障特征参数。时域统计指标又分为有量纲指标和无量纲指标。有量纲与无量纲指标的区别在于统计指标与单位是否相关。与单位有关的指标是有量纲指标,与单位无关的指标是无量纲指标。

1. 有量纲指标

有量纲指标所定义的特征量取值大小通常会依据外界条件(如转速、负载等)的改变而变化。常用的有量纲指标有:最大值、最小值、峰峰值、均值、方差、均方值、均方根值、偏度、峭度。我们用 $x(t)$ 表示时域轴承振动信号，T 表示总的观测时间。

(1) 最大值。

$$X_{\max} = \max\{x(t)\}, \quad \max \text{ 表示最大值} \tag{3.18}$$

(2) 最小值。

$$X_{\min} = \min\{x(t)\}, \quad \min \text{ 表示最小值} \tag{3.19}$$

(3) 峰峰值。

$$X_{\mathrm{ppv}} = X_{\max} - X_{\min} = \max\{x(t)\} - \min\{x(t)\} \tag{3.20}$$

信号的最大值和最小值给出了信号变化的范围,最大值即峰值反映了信号冲击的瞬时强度,常用来判断比较敏感表面损伤类故障;信号的峰峰值通常用来表示振动大小,即信号强度的变化,常用来判断冲击类故障。在工程实践中,通常将采集到的信号分成若干等分,分别求其峰峰值,然后再对若干峰峰值进行平均,以规避偶然因素对信号峰峰值的干扰。

(4) 均值。

$$\mu x = \lim_{T \to \infty} \frac{1}{T} \int_0^T x(t) \mathrm{d}t = \int_{-\infty}^{+\infty} x p(x) \mathrm{d}x \tag{3.21}$$

其中,$p(x)$ 表示振动信号 $x(t)$ 的概率密度 $p(x) = \lim_{\Delta x \to 0} \frac{1}{\Delta x} \left(\lim_{T \to \infty} \frac{\Delta T}{T} \right)$,式中 ΔT 表示信号 $x(t)$ 取值在区间 $(x, x + \Delta x)$ 内的总时间。

均值是信号幅值的算术平均值,体现了信号的中心趋势,反映了信号中的静态部分。

(5) 方差。

$$\sigma_x^2 = \lim_{T \to \infty} \frac{1}{T} \int_0^T [x(t) - \mu x]^2 \mathrm{d}t = \int_{-\infty}^{+\infty} (x - \mu x)^2 p(x) \mathrm{d}x \tag{3.22}$$

方差反映的是信号中的动态分量,当轴承设备正常运转时,信号的方差比较小,所以可以借助方差来初步判断设备的运行情况。

(6) 均方值。

$$\psi_x^2 = \lim_{T \to \infty} \frac{1}{T} \int_0^T x^2(t) \mathrm{d}t = \int_{-\infty}^{+\infty} x^2 p(x) \mathrm{d}x \tag{3.23}$$

（7）均方根值。

$$X_{\mathrm{rms}} = \sqrt{\psi_x^2} = \sqrt{\lim_{T \to \infty} \frac{1}{T} \int_0^T x^2(t)\,\mathrm{d}t} = \sqrt{\sqrt{\int_{-\infty}^{+\infty} x^2 p(x)\,\mathrm{d}x}} \quad (3.24)$$

均方根值即有效值，幅值的平方具有能量的含义，均值和均方根值都是表示动态信号强度的指标，具有很好的稳定性，但均方根值对早期故障不敏感，所以多用于稳态振动的情况，常用来诊断磨损类故障。

（8）偏度。

$$\alpha = \lim_{T \to \infty} \frac{1}{T} \int_0^T x^3\,\mathrm{d}x = \int_{-\infty}^{+\infty} x^3 p(x)\,\mathrm{d}x \quad (3.25)$$

（9）峭度。

$$\beta = \lim_{T \to \infty} \frac{1}{T} \int_0^T x^4(t)\,\mathrm{d}x = \int_{-\infty}^{+\infty} x^4 p(x)\,\mathrm{d}x \quad (3.26)$$

信号的偏度和峭度指标常用来检验信号偏离正态分布的程度。信号概率分布的中心不对称程度越厉害，信号的偏度越大。峭度反映了信号概率密度函数峰顶的凸平度，对大幅度值非常敏感，当信号概率增加时，信号的峭度将迅速增大，非常适用于故障早期探测故障脉冲信息。

2. 无量纲指标

无量纲指标所定义的特征量对信号变化的频率和幅值不敏感，即与设备运行的工况无关，不会因为负载和转速等外界条件的变化而变化，故更适合作为轴承设备状态监测诊断参数。常用的无量纲指标有：波形指标、峰值指标、脉冲指标、裕度指标、峭度指标。

$$\text{波形指标：} k = \frac{X_{\mathrm{rms}}}{|X|} = \frac{\text{均方根值}}{\text{绝对平均值}} \quad (3.27)$$

$$\text{峰值指标：} C = \frac{X_{\max}}{X_{\mathrm{rms}}} = \frac{\text{最大值}}{\text{均方根值}} \quad (3.28)$$

峰值指标既考虑了峰值又考虑了均方根值，是用来表征信号冲击的特征指标。

$$\text{脉冲指标：} I = \frac{X_{\max}}{|X|} = \frac{\text{最大值}}{\text{绝对平均幅值}} \quad (3.29)$$

$$\text{裕度指标：} L = \frac{X_{\max}}{Xr} = \frac{\text{最大值}}{\text{方根幅值}} \quad (3.30)$$

$$\text{峭度指标：} Kv = \frac{\beta}{X_{\mathrm{rms}}^4} = \frac{\text{峭度}}{\text{均方根值}^4} \quad (3.31)$$

其中，绝对平均幅值 $\overline{|X|} = \int_{-\infty}^{+\infty} |x| p(x)\mathrm{d}x$，方根幅值 $Xr = \left[\int_{-\infty}^{+\infty} \sqrt{|x|} p(x)\mathrm{d}x\right]^2$

峭度指标对冲击信号非常敏感，其值大小与轴承转速、尺寸和负载无关，是点蚀类损伤故障常用的特征指标，适用于轴承故障早期监测。但它对于磨损类故障不敏感。

无量纲指标仅对设备运行状态、故障和缺陷等敏感，当设备运行状态发生变化时，这些无量纲指标会有明显的变化。

3.2.2　轴承振动信号故障频域特征提取方法

轴承振动信号的时域特征只能反映信号幅值随时间的变化情况，无法揭示信号频率构成及各频率分量的强弱。轴承正常工作时，信号主要频率集中在低频段，而故障时信号的主要频率则集中在高频段。随着轴承设备故障的发生，其信号频率构成也会发生变化，所以可以通过分析频率结构来判断故障信息。将振动信号的时域特征进行傅里叶变换得到频域特征，然后通过频谱分析来进行故障诊断和预测。常用的轴承振动信号频域分析方法有：幅度谱分析和功率谱分析。

幅度谱分析是对时域信号 $x(t)$ 进行傅里叶变换，从而求得频率构成信息，变换公式如下：

$$X(f) = \int_{-\infty}^{+\infty} x(t)\mathrm{e}^{-\mathrm{j}2\pi ft}\,\mathrm{d}t \tag{3.32}$$

$X(f)$ 表示信号的频域，即信号的幅度谱，其中 f 表示信号的频率。其逆变换公式如下：

$$x(t) = \int_{-\infty}^{+\infty} X(f)\mathrm{e}^{\mathrm{j}2\pi ft}\,\mathrm{d}f \tag{3.33}$$

功率谱分析是提取信号中各频率成分的能量大小，定义功率谱计算公式如下：

$$S(f) = \lim_{T \to \infty} \frac{1}{T} |X(f)|^2 \tag{3.34}$$

功率谱反映的是振动信号的频率成分以及各成分能量的相对强弱，当信号中各频率成分的能量发生变化时，功率谱主能量的谱峰位置将随之改变。当信号的频率成分增多时，功率谱上能量分布会变得分散；当信号的频率成分减少时，功率谱上能量分布会变得集中。因此通过观测功率谱中主频带位置变化和谱能量分布的分散程度,可以很好地描述信号频域特征的变化。

轴承振动信号故障频域分析常用特征提取指标有:重心频率、均方频率、均方根频率、频率方差和频率标准差。

重心频率

$$FC = \frac{\int_{-\infty}^{+\infty} f S(f) \mathrm{d}f}{\int_{-\infty}^{+\infty} S(f) \mathrm{d}f} \tag{3.35}$$

均方频率

$$MSF = \frac{\int_{-\infty}^{+\infty} f S(f) \mathrm{d}f}{\int_{-\infty}^{+\infty} S(f) \mathrm{d}f} \tag{3.36}$$

均方根频率

$$RMSF = \sqrt{MSF} \tag{3.37}$$

频率方差

$$VF = \frac{\int_{-\infty}^{+\infty} (f - FC)^2 S(f) \mathrm{d}f}{\int_{-\infty}^{+\infty} S(f) \mathrm{d}f} \tag{3.38}$$

频率标准差

$$RVF = \sqrt{VF} \tag{3.39}$$

重心频率、均方频率和均方根频率通常用来描述功率谱主频位置的变化情况,频率方差和频率标准差用来描述谱能量的分散程度。

3.2.3　基于希尔伯特包络分析故障特征提取方法

希尔伯特包络分析是采用希尔伯特变换将给定连续信号变换成解析信号,解析信号的实部为信号本身,虚部为其希尔伯特变换,解析信号的幅值为信号的包络,即包络信号。通过对包络信号频谱分析进行特征提取。利用包络分析还可以从复杂的振动信号中提取出与故障相关的低频调制信号,通过观察频谱图并分析调制频率及它的倍频幅值的变化,来判断故障发生的部位以及故障程度。

基于希尔伯特包络分析故障特征提取方法的步骤如下：

（1）给定轴承振动信号 $x(t)$，进行希尔伯特变换，公式如下所示：

$$\hat{x}(t) = \int_{-\infty}^{+\infty} \frac{x(t-\tau)}{\pi\tau} \mathrm{d}\tau = x(t) \frac{1}{\pi\tau} \tag{3.40}$$

（2）由 $x(t)$ 和 $\hat{x}(t)$ 构成的解析信号 $z(t)$，公式如下：

$$z(t) = x(t) + j\hat{x}(t) = A(t)\mathrm{e}^{j\phi(t)} \tag{3.41}$$

解析信号的幅值公式如下：

$$A(t) = \sqrt{x^2(t) + \hat{x}^2(t)} \tag{3.42}$$

解析信号的相位公式如下：

$$\phi(t) = \arctan \frac{\hat{x}(t)}{x(t)} \tag{3.43}$$

（3）对包络信号进行包络分析，可通过傅里叶变换进行轴承故障频域特征提取。

3.2.4 基于小波包包络分析故障特征提取方法

小波分析是一种有效的基于小波变换的时频分析方法，但只对信号的低频部分进行分解，不对信号的细节部分也就是高频部分进行分解。如果信号中包含具有高频特点的大量细节信息，小波变换就不能很好地表征信号特征。在这种情况下，对信号分析应是不仅对低频部分做精细划分，而且也能对高频部分做更精细划分。为此，Colfman 等于 1992 年提出了小波包理论，基于小波包变换可同时对信号在低频和高频部分进行分解，更好地进行时频局部化分析。因此，小波包包络分析特征提取具有更广泛的应用价值，被广泛应用在故障诊断领域。

定义函数 $u_n(t)$ 满足下面的双尺度方程：

$$u_{2n}(t) = \sqrt{2} \sum_{k \in z} h_k u_n(2t - k) \tag{3.44}$$

$$u_{2n+1}(t) = \sqrt{2} \sum_{k \in z} g_k u_n(2t - k) \tag{3.45}$$

并令 $u_0(t) = \phi(t)$，$u_1(t) = \psi(t)$，其中 $\phi(t)$ 和 $\psi(t)$ 分别尺度函数和小波函数，t 表示时间，k 表示时间平移因子，z 表示整数集，h_k 和 g_k 表示低通滤波器系数，分别由尺度函数 $\phi(t)$ 和小波函数 $\psi(t)$ 决定，即 $h_k = <\phi_{j,0}(t)$，$\phi_{j-1,k}(t)>$，$g_k = <\psi_{j,0}(t)$，$\psi_{j-1,k}(t)>$。h_k 和 g_k 与具体尺度无关，无论

对哪两个相邻级,其值都相同。其中 $\phi_{j,k}(t)$ 和 $\psi_{j,k}(t)$ 分别是尺度函数 $\phi(t)$ 和小波函数 $\psi(t)$ 经过整数平移 k 和尺度 j 上的伸缩得到的族,即 $\phi_{j,k}(t):=2^{-j/2}\phi(2^{-j}t-k),\psi_{j,k}(t):=2^{-j/2}\psi(2^{-j}t-k)$。

以上定义的函数集合 $\{u_n(t)\}$(其中 $n\in z$)为由 $u_0(t)=\phi(t)$ 所确定的小波包,由此,小波包 $\{u_n(t)\}$ 是由尺度函数 $\phi(t)$ 和小波函数 $\psi(t)$ 在内的一个具有一定联系的函数的集合。

通过小波包分解,可以得到由尺度函数组成的子空间和小波函数组成的子空间。

基于小波包包络分析故障特征提取方法的步骤如下:

(1) 利用小波包对轴承振动信号进行分解。

首先,定义 $u_n(t)$ 的二进伸缩平移族为

$$u_{n,j,k}(t):=2^{j/2}u_n(2^jt-k)\quad(k\in z,j\in z,n\in z^+)\quad(3.46)$$

再定义分解信号 $x(t)$ 对应小波包系数

$$d_{j+1,k}^n:=\ <x(t),u_{n,j+1,k}(t)>\quad(3.47)$$

则分解相邻级间小波包系数递推公式如下:

$$d_{j+1,k}^{2n}=\sum_l h_{2l-k}d_{j,l}^n\quad(3.48)$$

$$d_{j+1,k}^{2n+1}=\sum_l g_{2l-k}d_{j,l}^n\quad(3.49)$$

(2) 对含有轴承故障振动信息的固有共振频带信号进行小波包重构,滤除其中的干扰成分。小波包重构公式如下:

$$d_{j,l}^n=\sum_k\left[h_{l-2k}d_{j+1,k}^{2n}+g_{l-2k}d_{j+1,k}^{2n+1}\right]\quad(3.50)$$

(3) 对重构后的固有共振信号进行解调并得到包络信号,对包络信号进行包络分析,通过傅里叶变换进行轴承故障频域特征提取。

3.2.5　基于经验模态分解故障特征提取方法

经验模态分解(Empirical Mode Decomposition,EMD)是 1998 年由 Huang 等提出的时频域信号分析方法。该方法主要是将复杂的信号分解成若干固有模态函数(IMF 分量)和一个余项的和,并对 IMF 分量提取信号的特征。其中每个固有模态函数有相同的极值点和过零点,且上下包络均值为零。

经验模态分解是一种基于数据本身的自适应处理非线性、非平稳信号

的分解方法。但存在模态混叠和端点效应等问题。模态混叠是指一个 IMF 分量中包含了尺度差异较大的信号，或是一个相似尺度的信号出现在不同的 IMF 分量中。

经验模态分解过程如下：

（1）首先确定信号的所有的局部极值点，然后采用三次样条线将所有局部极大值点和极小值点连接起来，从而形成上包络线和下包络线。

（2）上包络线和下包络线的均值记为 $m_1(t)$，然后计算信号 $x(t)$ 与均值 $m_1(t)$ 的差值 $h_1(t)$。

$$h_1(t) = x(t) - m_1(t) \tag{3.51}$$

（3）如果 $h_1(t)$ 不满足固有模态函数条件，把 $h_1(t)$ 作为原始数据，并且重复步骤（1）和步骤（2），得到上下包络的均值 $m_{11}(t)$，则：

$$h_{11}(t) = h_1(t) - m_{11}(t) \tag{3.52}$$

若 $h_{11}(t)$ 仍不满足固有模态函数条件，则循环 k 次，直至 $h_{1k}(t)$ 满足条件。将信号 $x(t)$ 的第一个固有模态函数记为 $c_1(t)$，即：

$$c_1(t) = h_{1k}(t) \tag{3.53}$$

（4）将 $c_1(t)$ 从 $x(t)$ 中分离出来，得到 $r_1(t)$：

$$r_1(t) = x(t) - c_1(t) \tag{3.54}$$

（5）将 $r_1(t)$ 作为新的数据重复上述步骤，得到 $x(t)$ 的第二个固有模态函数 $c_2(t)$，重复 n 次得到 $r_n(t)$，直到不能从中提取出固有模态函数才结束。最终 $x(t)$ 可用 n 个固有模态函数（IMF 分量）和一个残余函数 $r_n(t)$ 表示，如式（3.55）所示。一般 $r_n(t)$ 不为零，它表示随机信号中存在线性项或缓慢变化的、周期大于记录长度的非线性项，通常代表信号的平均趋势。

$$x(t) = \sum_{i=1}^{n} c_i(t) + r_n(t) \tag{3.55}$$

基于经验模态分解的故障特征提取就是针对轴承振动信号 $x(t)$ 进行 EMD 分解，分解后选择适当的 IMF 分量，再对 IMF 分量进行包络分析并提取轴承故障特征。

3.2.6　基于局部均值分解故障特征提取方法

局部均值分解（Local Mean Decomposition，LMD）是 Jonathan S. Smith 于 2005 年提出的一种自适应时频分析方法。局部均值分解主要是首先将源信号分离出包络信号和纯调频信号，再进一步将包络信号和调频信号进行相乘,从而得到 PF 分量。所以局部均值分解的过程实际上就是一连串的 PF 分量。

局部均值分解 LMD 的运算步骤如下:

(1) 首先求出原始信号 $x(t)$ 所有的局部极值 n_i,然后计算出 n_i 和 n_{i+1} 的平均值 m_i,即

$$m_i = \frac{n_i + n_{i+1}}{2} \tag{3.56}$$

再将临近的极值点的平均值 m_i 连接起来进行平滑处理,得到局部均值函数 $m_{11}(t)$。

(2) 利用局部极值点 n_i,计算包络估计值 a_i,公式如下:

$$a_i = \frac{n_i - n_{i+1}}{2} \tag{3.57}$$

同样也将所有临近的两个包络估计值 a_i 用直线连接起来进行平滑处理,得到包络估计函数 $a_{11}(t)$。

(3) 将局部均值函数 $m_{11}(t)$ 从原始信号分离出来,得到:

$$h_{11}(t) = x(t) - m_{11}(t) \tag{3.58}$$

(4) 用 $h_{11}(t)$ 除以包络估计函数 $a_{11}(t)$ 来进行解调,得到:

$$s_{11}(t) = h_{11}(t)/a_{11}(t) \tag{3.59}$$

对 $s_{11}(t)$ 重复上述步骤,得到 $s_{11}(t)$ 的包络估计函数 $a_{12}(t)$。若 $a_{12}(t)$ 不等于1,说明 $s_{11}(t)$ 不是一个纯调频信号,需要重复上述迭代过程,直到得到一个纯调频信号 $s_{1n}(t)$,即 $s_{1n}(t)$ 的包络估计函数满足 $a_{1(n+1)}(t) = 1$。

(5) 将所有包络估计函数相乘得到包络信号:

$$a_1(t) = a_{11}(t)a_{12}(t) \cdots a_{1n}(t) = \prod_{q=1}^{n} a_{1q}(t) \tag{3.60}$$

用包络信号 $a_1(t)$ 乘以纯调频信号 $s_{1n}(t)$,得到的乘积则为原始信号的第一个 PF 分量:

$$\mathrm{PF}_1(t) = a_1(t)s_{1n}(t) \tag{3.61}$$

(6) 将首个 PF 分量 $\mathrm{PF}_1(t)$ 从 $x(t)$ 里分离出来得到一个新的信号 $u_1(t)$,将 $u_1(t)$ 作为原始数据进行 k 次迭代计算,直至 $u_k(t)$ 成为第一个单调函数才停止。

(7) 最后,将原始信号 $x(t)$ 分解为 k 个 PF 分量和一个单调函数 $u_k(t)$ 之和,即

$$x(t) = \sum_{p=1}^{k} \mathrm{PF}_p(t) + u_k(t) \qquad (3.62)$$

(8) 再对所得到的 PF 分量进行包络分析。

基于局部均值分解的故障特征提取就是针对轴承振动信号 $x(t)$ 进行 LMD 分解,分解后选择适当的 PF 分量,再对 PF 分量进行包络分析并提取轴承故障特征。

3.2.7　基于变分模态分解故障特征提取方法

变分模态分解(Variational Mode Decomposition,VMD)是 Dragomiretskiy 等于 2014 年提出的一种自适应的信号分解方法,是对经验模态分解的优化,该方法在分解过程中通过循环迭代求取约束变分问题的最优解来确定分解得到的固有模态函数(IMF 分量)的频率中心及带宽,实现信号各频率成分的有效分离。与经验模态分解和局部均值分解方法相比,该方法具有较高的运算效率及良好的噪声鲁棒性。

在变分模态分解方法中,假设振动信号 $x(t)$ 由 K 个有限带宽的 IMF 分量组成,其中第 K 个 IMF 分量 $c_k(t)$ 可表示为一个调幅调频函数的形式: $c_k(t) = A_k(t)\cos(\varphi_k(t))$。其中 $A_k(t)$ 和 $\varphi_k(t)$ 分别表示 $c_k(t)$ 的瞬时振幅和瞬时相位函数。$c_k(t)$ 的瞬时频率 $w_k(t)$ 为: $w_k(t) = \dfrac{\mathrm{d}\varphi_k(t)}{\mathrm{d}t}$。

建立带约束的变分优化问题:

$$\min_{\{c_k\},\{w_k\}} \left\{ \sum_{k=1}^{K} \left\| \partial_t \left[\left(\delta(t) + \frac{j}{\pi t} \right) * c_k(t) \right] \mathrm{e}^{-\mathrm{j}w_k t} \right\|_2^2 \right\} \qquad (3.63)$$

$$\mathrm{s.t.} \quad x(t) = \sum_{k=1}^{K} c_k(t) \qquad (3.64)$$

式中,$\delta(t)$ 为单位脉冲信号,j 是复数中虚数单位。

为求取上述约束变分问题的最优解,引入惩罚因子 α 和 Lagrangian 乘子 λ,其增广 Lagrangian 函数表示如下:

$$\alpha \sum_{k=1}^{K} \left\| \partial_t \left[\left(\delta(t) + \frac{j}{\pi t} \right) * c_k(t) \right] \mathrm{e}^{-\mathrm{j}w_k t} \right\|_2^2 +$$

$$\left\| x(t) \sum_{k=1}^{K} c_k(t) \right\|_2^2 + \left\langle \lambda(t), x(t) - \sum_{k=1}^{K} c_k(t) \right\rangle \qquad (3.65)$$

利用交替方向乘子法求取上述 Lagrangian 函数的鞍点,即为上述约束变分优化问题的最优解,从而将 $x(t)$ 分解为 K 个窄带 IMF 分量。

变分模态分解 VMD 的运算步骤如下:

(1) 初始化 $\{\hat{c}_k^1\}$,$\{\omega_k^1\}$ 和 $\hat{\lambda}^1$,$n=0$。其中 $\hat{c}_k$,$\hat{\lambda}$ 是 $c_k(t)$,$\lambda(t)$ 的傅里叶变换。

(2) 使 $n=n+1$,开始执行迭代循环。

(3) 使 $k=k+1$,按照下面公式,更新对 $\hat{c}_k^{n+1}$ 和 ω_k^{n+1},直至 $k=K$。

$$\hat{c}_k^{n+1}(\omega)=\frac{\hat{x}(\omega)-\sum_{i=1,i\neq k}^{K}\hat{c}_i^n(\omega)+\frac{\hat{\lambda}^n(\omega)}{2}}{1+2\alpha(\omega-\omega_k^n)^2} \tag{3.66}$$

$$\omega_k^{n+1}=\frac{\int_0^\infty \omega\,|\hat{c}_k^{n+1}(\omega)|^2\mathrm{d}\omega}{\int_0^\infty |\hat{c}_k^{n+1}(\omega)|^2\mathrm{d}\omega} \tag{3.67}$$

(4) 对 λ 进行更新,其中 τ 为步长因子,更新的公式如下:

$$\hat{\lambda}^{n+1}(\omega)\leftarrow\hat{\lambda}^n(\omega)+\tau\left[\hat{x}(\omega)-\sum_{k=1}^{K}\hat{c}_k^{n+1}(\omega)\right] \tag{3.68}$$

其中 $\hat{x}(\omega)$ 是 $x(t)$ 的傅里叶变换。

(5) 重复步骤(2)~步骤(4),直到满足下面停止条件,或达到迭代最大步长 n。其中 ε 为迭代停止标准阈值。

$$\sum_{k=1}^{K}\|\hat{c}_k^{n+1}-\hat{c}_k^n\|_2^2/\|\hat{c}_k^n\|_2^2<\varepsilon \tag{3.69}$$

结束迭代循环,得到 K 个 IMF 分量,满足其带宽总和最小。

基于变分模态分解的故障特征提取就是针对轴承振动信号 $x(t)$ 进行 VMD 分解,分解后选择适当的 IMF 分量,再对 IMF 分量进行包络分析并提取轴承故障特征。

3.3　轨道交通轴承故障特征选择技术

从给定的特征集合中选择或投影变换出与故障紧密相关的特征子集的过程,称为特征选择。轨道交通轴承故障特征选择的目的是去除与故障诊断不相关的特征或者去除冗余特征,这样往往会降低故障诊断任务的计算开销、提升故障分类性能。具体特征选择过程如图 3.1 所示。

通常特征选择过程是一个循环反复、多次迭代的过程,对特征选择后得

图 3.1　特征选择过程

到的子集 S 要进行特征评价,依据代价函数 $J(S)$ 对应的评价分值或其他评价条件确定特征选择过程是否结束。常用的特征选择方法有基于主成分分析的特征选择方法,基于线性判别分析的特征选择方法,基于信息熵的特征选择方法,以及基于自编码等的特征选择方法等。

3.3.1　基于主成分分析的特征选择方法

主成分分析(Principal Components Analysis,PCA)是 Karl 和 Pearson 于 1901 年提出的一种无监督降维算法,可以用于故障特征选择。该方法的核心原理是找到一个投影面,使得数据投影在投影面上尽可能地保留原始数据的特征。通常该投影面满足:①所有数据点到投平面的距离足够近;②所有样本点到投平面的投影可以尽可能分开。

基于主成分分析的特征选择方法具体步骤如下:

(1)原始数据去中心化处理。采用下式对原始数据进行去中心化处理,使得处理后的数据均值为 0,标准差为 1。

$$x_i^* = \frac{x_i - \mu}{\sigma} \tag{3.70}$$

其中,μ 为总体样本数据的均值,σ 为标准差,x_i 为原始数据。

(2)确定最优化投影方差函数。对数据 x_i^* 进行线性变换 $\boldsymbol{U}^\mathrm{T} x_i^*$,其线性变换后的协方差矩阵为:

$$\frac{1}{n} \sum_{i=1}^{n} (\boldsymbol{U}^\mathrm{T} x_i^*)^2 = \frac{1}{n} \sum_{i=1}^{n} \boldsymbol{U}^\mathrm{T} x_i^* (x_i^*)^\mathrm{T} \boldsymbol{U} \tag{3.71}$$

其中,$\frac{1}{n} x_i^* (x_i^*)^\mathrm{T}$ 为原始数据的协方差矩阵,用 $\boldsymbol{S}$ 表示,则最优化投影方差函数可表示为:

$$\max_{u_1} \boldsymbol{U}^\mathrm{T} \boldsymbol{S} \boldsymbol{U} \tag{3.72}$$

$$\mathrm{s.\,t.} \; \|\boldsymbol{U}\|_2^2 = 1 \tag{3.73}$$

(3)使用 Lagrangian 乘子法求解最优化投影方差函数,按照所需维度确定最优化矩阵。对优化函数使用 Lagrangian 乘子法可得：

$$SU = \lambda U \qquad (3.74)$$

对协方差矩阵进行特征分解，将求出的特征值 λ_i 按大小进行排序，将相应的特征向量进行排列，可取前 k 个特征向量形成最优化矩阵 $U = (u_1, u_2, \cdots, u_k)$。

（4）最优化矩阵 U 乘以全体原始数据 X 就得到特征选择后的数据 Y。

3.3.2　基于线性判别分析的特征选择方法

线性判别分析（Linear Discriminant Analysis，LDA）是 Fisher 于 1936 年提出的一种有监督降维算法，其目标是将数据投影到低维空间来避免维度灾难引起的过拟合，可以用于故障特征选择。LDA 方法与 PCA 方法十分相似，都是通过计算投影面上的方差来进行降维的，但不同于 PCA 的是 LDA 的降维标准是找到的最佳投影面使得投影后数据类内方差尽可能小，而类间方差尽可能大。

基于线性判别分析的特征选择方法的具体步骤如下：

（1）确定类内散度 S 和类间散度 S'。设给定的数据集为 $D = \{(x_i, l_i)\}$，其中 x_i 表示第 i 个数据，$i = 1, 2, \cdots, n$。l_i 为第 i 个数据的标签，$l_i = 1$，$2, \cdots, m$，共有 m 个类别的标签。X_j 表示标签为第 j 类所有的数据，其个数用 n_j 表示，有 $n_1 + n_2 + \cdots n_j + \cdots + n_m = n$。用 u_j 表示第 j 类内均值向量，所有类内均值向量用 u 表示。

则类内散度矩阵定义为

$$S = \sum_{j=1}^{m} \sum_{x_i \in X_j} (x_i - u_j)(x_i - u_j)^{\mathrm{T}} \qquad (3.75)$$

类间散度矩阵为

$$S' = \sum_{j=1}^{m} n_j (u_j - u)(u_j - u)^{\mathrm{T}} \qquad (3.76)$$

（2）构建最优代价函数。将数据 x_i 投影到由正交基向量构成的新坐标系 α 上，即对数据 x_i 作线性变换 $\alpha^{\mathrm{T}} x_i$。为了得到最优的投影面，构建如下最优化函数，即代价函数

$$\min J(\alpha) = \frac{\alpha^{\mathrm{T}} S \alpha}{\alpha^{\mathrm{T}} S' \alpha} \qquad (3.77)$$

通过 Lagrangian 函数求解得：

$$\boldsymbol{\alpha} \boldsymbol{S}' = \boldsymbol{\lambda} \boldsymbol{\alpha} \boldsymbol{S} \tag{3.78}$$

经整理得协方差矩阵：

$$\boldsymbol{\lambda} = \boldsymbol{S}^{-1} \boldsymbol{S}' \tag{3.79}$$

（3）确定最优投影矩阵。将求出的特征值 λ_i 按大小进行排序，将相应的特征向量进行排列。可取前 p 个特征向量构成最优投影矩阵 $\boldsymbol{\alpha} = (\alpha_1, \alpha_2, \cdots, \alpha_p)$。

（4）最优投影矩阵 $\boldsymbol{\alpha}$ 乘以全体原始数据 X 就得到特征选择后的数据 Y。

3.3.3　基于信息熵的量化特征选择方法

信息熵是香农（Shannon）于 1948 年提出的，香农将热力学中熵的概念引入到信息论中，采用数值形式表达随机变量取值的不确定性程度。

假定样本集合 D 中，X 是一个含有 n 个离散值的类别随机变量，变量 X 取值为 x_i 的概率为：$P(X = x_i) = p_i, i = 1, 2, \cdots, n$，那么在样本集合 D 中类别随机变量 X 的信息熵定义为

$$H_D(X) = -\sum_{i=1}^{n} p_i \log p_i \tag{3.80}$$

信息熵越低不确定性越低，表明所包含的信息越少，信息熵可用于解决信息的量化问题。由于信息熵能很好地量化特征相对于类别的不确定性程度，用它可以很好判定其包含的分类信息含量，因此它经常被应用在特征选择方法中。

基于信息熵的量化特征选择方法的具体步骤如下：

（1）由信息熵的定义公式计算样本集合 D 中类别随机变量 X 的信息熵。依据信息熵定义可知，信息熵 $H_D(X)$ 只与随机变量 X 的概率分布有关，而与其具体取值无关。信息熵越大，所代表的不确定程度越高，消除或减少这一不确定性时所需的信息量也越多。

（2）确定待特征选择随机变量的条件熵。条件熵是指已知一个特征随机变量 Y 的条件下，类别随机变量 X 的不确定性程度，其公式定义如下：

$$H_D(X \mid Y) = -\sum_{j=1}^{V} \frac{|D_j|}{|D|} H_{D_j}(X) \tag{3.81}$$

式中，V 是特征选择随机变量 Y 的可能取值个数，D_j 为变量 Y 的第 j 个取值的样本集合，有 $D_1 + D_2 + \cdots + D_V = D$。由定义可知，若 X 完全依赖于 Y，那么 $H_D(X|Y) = 0$，表示 Y 已包含了 X 的信息；反之，$H_D(X|Y) =$

$H_D(X)$,意味着这两个变量是相互无关或独立的,即 X 的不确定性程度不依赖于 Y。条件熵取值大小表明了类别随机变量依赖于特征随机变量的强弱程度。

（3）计算特征随机变量 Y 所获得的信息增益。定义随机变量 Y 所获得的信息增益为

$$G_D(X \mid Y) = H_D(X) - H_D(X \mid Y) \qquad (3.82)$$

特征随机变量 Y 的信息增益越大,则意味着使用特征随机变量 Y 对类别随机变量不确定性程度的降低贡献越大,亦即特征中所包含有助于分类的信息就越多。

（4）按特征随机变量的信息增益的大小排序,依次选择具有较大信息增益的特征随机变量,完成选取所需数量的特征选择。因此,基于信息熵的量化特征选择就是选择具有较大信息增益的特征随机变量。

3.3.4　基于自编码器的特征选择方法

自编码器（AutoEncode）是 Rumelhart 于 1986 年提出的概念,它是一种非监督的人工神经网络,它分为编码器（Encoder）和解码器（Decoder）两部分,其原理是将输入的数据通过编码器编码提取特征,再通过解码器对提取好的特征进行解码操作,得到解码后的数据与原数据进行对比求出预测误差,再进行误差反向传递逐步提升自编码的准确性。自编码器可用于故障特征选择及数据降维等应用。

自编码器的结构如图 3.2 所示,通过调节网络权值和偏置使得输入数据

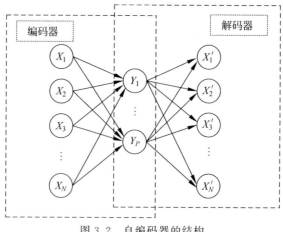

图 3.2　自编码器的结构

X 与解码后的数据 X' 尽可能相同。

基于自编码器的特征选择方法的具体步骤如下:

（1）编码器编码。输入轴承振动信号数据为 $\{X_N\}$，N 为数据维度。通过编码器得到特征数据 $\{Y_P\}$，P 为编码后的维度，编码过程中数据减少的维度是 N-P 维，其编码过程的激活函数可表示为

$$Y = f(wX + b) \tag{3.83}$$

（2）解码器解码。以特征数据 $\{Y_P\}$ 为输入端，通过解码器得到解码后的数据 $\{X_N'\}$，其激活函数可表示为

$$X' = g(w'X' + b') \tag{3.84}$$

（3）反向误差传递调参。将解码后的数据 $\{X_N'\}$ 与输入的原始数据 $\{X_N\}$ 对比求出预测误差:

$$\min_{\{w,b\},\{w',b'\}} E(X,X') = \min \|X - X'\| \tag{3.85}$$

其中，$\{w,b\}$ 分别表示为自编码器网络的权值和偏置，通过反向传递不断调节网络的权值和偏置，得到最优的 $\{w,b\}$。再对所有的输入数据 X，提取其最佳特征值 Y。

3.4 轨道交通轴承故障智能诊断技术

轨道交通滚动轴承故障智能诊断技术就是利用人工智能技术进行基于数据驱动的轴承故障诊断，这种方法的优点是可以充分挖掘故障数据的特征，可以挖掘出传统的专家系统无法涵盖到的特征。基于数据驱动的轴承故障智能诊断方法大致可以分为两类：轴承故障数据挖掘智能诊断方法和轴承故障深度学习智能诊断方法。数据挖掘主要利用人工神经网络、支持向量机和决策树等传统机器学习算法搭建诊断模型，适合对传统小规模数据集进行学习，而深度学习方法主要利用卷积神经网络、深度信念网络、循环神经网络等深度神经网络方法搭建诊断模型，适合对大规模数据集进行学习。

3.4.1 人工神经网络

人工神经网络(Artificial Neural Network，ANN)是指由神经元模型连接而成的拓扑网络结构，如图 3.3 所示，通常包括输入层，隐藏层(有时简称隐层或中间层)和输出层三层网络结构，最初神经元模型(简称 M-P 神经元

模型)是由心理学家 W. S. McCulloch 和数理逻辑学家 W. Pittes 于 1943 年提出的用于模仿生物学的神经元。Rumelhart 等于 1985 年提出了误差反向传播 BP 算法(Error Back Propagation),使含有隐藏层的人工神经网络的训练成为可能,大大加快了人工神经网络的发展。人工神经网络模型是机器学习数据挖掘中的一种常见模型,它是基于数据结构对生物神经网络信息处理状态的模仿来达到自主学习的功能,在故障模式诊断中应用极广。

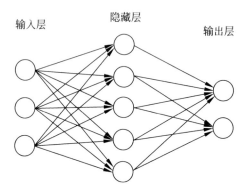

图 3.3　三层人工神经网络的拓扑结构

人工神经网络建模流程如下所示:

(1) 构建合适的人工神经网络,包括含多个神经元模型的输入层,隐藏层和输出层网络结构。

(2) 数据输入经由隐藏层传播。具体过程为数据经由输入层输入,乘以权重后相加,再通过与阈值相减,最后通过激活函数处理向下继续传播。设输入信号为 x_i,对应权重为 w_i,阈值为 θ,激活函数为 f,输出为 y,则 y 可用如下输出公式表示:

$$y = f\left(\sum_i \omega_i x_i - \theta\right) \tag{3.86}$$

(3) 数据传递到最后会产生预测结果,将其与训练集真实值进行对比,得出计算误差,判断误差是否满足要求。若不满足,则使用误差反向传播 BP 算法反向更新参数,以求减少误差,更新完成后再次进行训练,直到误差满足条件,停止循环,完成人工神经网络模型的构建。

人工神经网络建模流程中涉及的误差反向传播 BP 算法描述如下:

(1) 我们采用 Sigmoid 函数,即 $f(x) = \dfrac{1}{1 + e^{-x}}$ 作为激活函数 f,对输出层单元 j,误差 Err_j 可用下式计算:

$$\mathrm{Err}_j = O_j(1-O_j)(T_j-O_j) \tag{3.87}$$

其中,O_j 是单元 j 的实际输出,T_j 是单元 j 的真实值。

对隐藏层单元 j 的误差用下式计算:

$$\mathrm{Err}_j = O_j(1-O_j)\sum_k \mathrm{Err}_k w_{jk} \tag{3.88}$$

其中,w_{jk} 是单元 j 到其下一层单元 k 的连接权重,Err_k 是单元 k 的误差。

(2)对权值 ω_{ij} 和阈值 θ_j 的更新用下式计算:

$$\omega_{ij} = \omega_{ij} + \Delta\omega_{ij} = \omega_{ij} + l\,\mathrm{Err}_j O_i \tag{3.89}$$

$$\theta_j = \theta_j + \Delta\theta_j = \theta_j + l\,\mathrm{Err}_j \tag{3.90}$$

其中,O_i 是上一层单元 i 的输出,l 是学习率,通常取值在 0-1 之间。

3.4.2　支持向量机

支持向量机(Support Vector Machine,SVM)是 Vapnik 于 1995 年提出的,是一种有监督机器学习数据挖掘方法,它是一种利用超平面将线性或非线性数据进行分类的方法,SVM 使用支持向量和边缘来发现几何间隔最大的分离超平面,这种方法常用于故障诊断分类模型应用中。

如图 3.4 所示,平面 $\boldsymbol{w}^{\mathrm{T}}x+b=0$ 即为能够正确划分图中数据集 D 并且距离边缘几何间隔最大的分离超平面,其中 $\boldsymbol{w}$ 为决定超平面方向的法向量;b 为决定超平面与原点距离的位移项,$\boldsymbol{w}^{\mathrm{T}}x+b=1$ 和 $\boldsymbol{w}^{\mathrm{T}}x+b=-1$ 为几何间隔最大的两个边缘,边缘上的样本点被称为支持向量。两个边缘的间隔 d 为

$$d = \frac{2}{\parallel \boldsymbol{w} \parallel} \tag{3.91}$$

寻找最大间隔的分离超平面,就是要找到满足条件的 w 和 b 使得 d 最大化,即

$$\max_{w,b} \frac{2}{\parallel \boldsymbol{w} \parallel} \tag{3.92}$$

$$\mathrm{s.t.}\quad y_i(\boldsymbol{w}^{\mathrm{T}}x_i+b) \geqslant 1 \quad i=1,2,\cdots,n \tag{3.93}$$

最大化 $\dfrac{2}{\parallel \boldsymbol{w} \parallel}$ 就相当于最小化 $\dfrac{\parallel \boldsymbol{w} \parallel}{2}$,即

$$\min_{w,b} \frac{\parallel \boldsymbol{w} \parallel^2}{2} \tag{3.94}$$

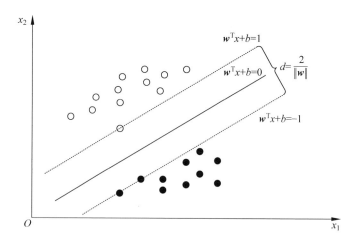

图 3.4　SVM 最大分离超平面

$$\mathrm{s.t.}\quad y_i(\boldsymbol{w}^{\mathrm{T}}x_i+b)\geqslant 1 \quad i=1,2,\cdots,n \tag{3.95}$$

其中，$y_i\in\{-1,+1\}$，对应数据 x_i 的类别。

支持向量机建模流程如下所示：

（1）输入样本数据，分析数据样本是否是线性可分。对非线性可分的数据，可选择核函数，这样可以在高维空间将样本划分。核函数的作用就是将样本从原始空间映射到一个更高维的特征空间，使样本在这个特征空间线性可分。通常要根据实际情况选用适合的核函数，以下给出几种常用核函数。

线性核：$\kappa(x_i,x_j)=\boldsymbol{x}_i^{\mathrm{T}}x_j$

多项式核：$\kappa(x_i,x_j)=(\boldsymbol{x}_i^{\mathrm{T}}x_j)^d$，$d\geqslant 1$ 为多项式的次数

高斯径向基函数核：$\kappa(x_i,x_j)=\exp\left(-\dfrac{\parallel x_i-x_j\parallel^2}{2\sigma^2}\right)$，$\sigma>0$ 为高斯核的带宽

拉普拉斯核：$\kappa(x_i,x_j)=\exp\left(-\dfrac{\parallel x_i-x_j\parallel}{\sigma}\right)$，$\sigma>0$

S 形核：$\kappa(x_i,x_j)=\tanh(\beta\boldsymbol{x}_i^{\mathrm{T}}x_j-\theta)$，$\tanh$ 为双曲正切函数，$\beta>0$，$\theta>0$

（2）针对实际应用中很难找到合适的核函数将样本精准划分，所以通常在选择最大分隔面的同时，允许某些样本不满足约束，但不满足约束的样本应尽可能少。为此可利用替代损失函数，构建软间隔 SVM。通过引入样本松弛

变量来表征不满足约束的程度,构建软间隔支持向量机模型,如下所示:

$$\min_{w,b,\xi_i} \frac{1}{2} \| w \|^2 + C \sum_{i=1}^{m} \xi_i \tag{3.96}$$

$$\text{s.t.} \quad y_i(\boldsymbol{w}^{\mathrm{T}} x_i + b) \geqslant 1 - \xi_i, \quad \xi_i \geqslant 0, i = 1, 2, \cdots, m \tag{3.97}$$

(3) 通过 Lagrangian 乘子法结合软间隔 SVM 公式得到其对偶问题。

该问题的 Lagrangian 函数可表示为

$$L(w,b,\alpha,\mu,\xi) = \frac{1}{2} \| w \|^2 + C \sum_{i=1}^{m} \xi_i +$$

$$\sum_{i=1}^{m} \alpha_i (1 - \xi_i - y_i(\boldsymbol{w}^{\mathrm{T}} x_i + b)) - \sum_{i=1}^{m} \mu_i \xi_i \tag{3.98}$$

其中,每条约束中添加的 α_i 为 Lagrangian 乘子。

令 $L(w,b,\alpha,\mu,\xi)$ 分别对 w,b 和 ξ_i 偏导为 0 可得:

$$w = \sum_{i=1}^{m} \alpha_i y_i x_i \tag{3.99}$$

$$\sum_{i=1}^{m} \alpha_i y_i = 0 \tag{3.100}$$

$$\alpha_i + \mu_i = C \tag{3.101}$$

将上述各式代入软间隔支持向量机模型,可得其对偶问题

$$\max_{\alpha} \sum_{i=1}^{m} \alpha_i - \frac{1}{2} \sum_{i=1}^{m} \sum_{j=1}^{m} \alpha_i \alpha_j y_i y_j \boldsymbol{x}_i^{\mathrm{T}} x_j \tag{3.102}$$

$$\text{s.t.} \quad \sum_{i=1}^{m} \alpha_i y_i = 0, \quad 0 \leqslant \alpha_i \leqslant C, i = 1, 2, \cdots, m \tag{3.103}$$

(4) 通过 SMO 算法求解上式对偶问题。

SMO 算法是由 John C. Platt 在 1998 年提出的,通过 SMO 算法求解对偶最问题的具体方法如下:先根据约束条件随机给 Lagrangian 乘子 α 赋值,然后每次选取两个 α,调节两个 α 使得目标函数最小,然后再选取两个 α 重复上面的步骤,以此类推直到取得最佳的 α^* 使得目标函数达到最优。

(5) 将 Lagrangian 乘子 α 代入,可求出 w 和 b,进而得到最大间隔超平面。通过该最大间隔超平面可得到数据样本分类结果。

3.4.3　决策树

决策树模型构建方法是一种有监督机器学习分类方法。如图 3.5 所示,

决策树中的内部节点表示在一个属性上的测试,每个分支代表一个测试输出,每个树叶节点存放一个分类标号,树的最顶层节点是根节点。决策树模型构建过程实际上就是一个不断选择最优划分属性进行数据样本分类的过程,决策树建模方法的关键就在于如何选择最优划分属性。常用的最优划分属性的度量标准有信息增益、增益率和基尼指数等。决策树分类方法可应用于轴承故障诊断中。

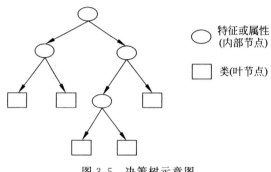

图 3.5   决策树示意图

决策树建模流程如下所示。

(1) 针对输入数据样本,决策树采用贪婪方法,依据最优划分属性的度量标准来选择将数据最好划分成不同类的属性。信息增益是最优划分属性的度量标准中最常用的一种指标。信息增益越大,则意味着使用该属性划分数据集所获得的纯度提升越大。常用的决策树算法有 ID3,C4.5 和 CART 等,其中基于信息增益的 ID3 算法最早由 J. Ross Quinlan 于 1975 年提出。ID3 算法就是使用信息增益最大的属性作为划分属性。由于信息增益会偏好取值数目较多的属性,为克服这种偏倚,C4.5 算法使用增益率来选择最优划分属性。

(2) 决策树构建采用自顶向下方法,不断选择当前最优划分属性,将数据集划分为较小的子集,直至当前节点包含的数据样本属于同一类别,决策树生成。

(3) 决策树剪枝处理。在决策树学习过程中,为了尽可能正确分类数据样本,会不断地根据属性划分节点,有时会造成决策树分支过多,带来过拟合的风险。为了解决过拟合的问题需要决策树剪枝处理。剪枝处理分为预剪枝和后剪枝两种。但预剪枝决策树有造成欠拟合的风险,可利用后剪枝方法,对决策树进行剪枝处理,提高决策树模型泛化性。

3.4.4　卷积神经网络

卷积神经网络(Convolutional Neural Networks,CNN)由 Yann LeCun 等于 1989 年提出,是一类包含卷积计算且具有深度结构的前馈神经网络 (Feedforward Neural Networks),它可以有效地进行监督学习和非监督学习,被应用于计算机视觉、自然语言处理、设备故障诊断等领域,是深度学习最重要的代表方法之一。

卷积神经网络模型结构如图 3.6 所示,其由输入层(Input layer)、卷积层 (Convolutional layer)、池化层(Pooling layer)、全连接层(Fully connectedlayers)和输出层(Output layer)组成。通过增加卷积层和池化层,还可以得到更深层次的网络结构,其后的全连接层也可以采用多层结构。输出层可以通过 Softmax 函数对数据样本进行分类。

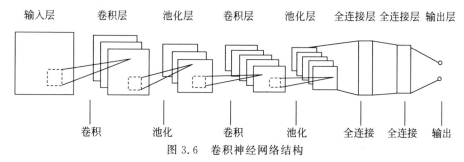

图 3.6　卷积神经网络结构

卷积神经网络建模流程如下所示。

(1) 数据样本进入卷积层,经过卷积处理,提取特征生成特征图。

(2) 特征图进入池化层,池化层对特征图进行特征选择和信息过滤,使用池化函数将特征图的单点替换为相邻区域统计量。

(3) 全连接层对数据特征进行拼接合并,计算误差是否满足条件。满足则输出,不满足则使用 BP 算法对网络参数进行更新。

(4) BP 算法更新完成后重新进行第一步,不断循环直至满足要求。

3.4.5　深度信念网络

深度信念网络(Deep Belief Network,DBN)由 Geoffrey Hinton 于 2006 年提出,这是一种采用逐层训练方式训练的深度神经网络,逐层训练的基本思想是每次训练一层节点,把上层节点的输出作为本层节点的输入,把本层节点的输出当作下层节点的输入,当全部节点训练完成后再对整个网络进行微调训练。DBN 既可以用于非监督学习,类似于一个自编码机;也可以用于监督学习,作为分类器来使用,用于设备故障诊断等领域。

深度信念网络模型结构如图 3.7 所示,其由多层的受限玻尔兹曼机(Restricted Boltzmann Machine,RBM)组成的。RBM 包含两个层,可见层(visible layer)和隐藏层(hidden layer),并且层内无连接,层间全连接,可见层单元用来描述观察数据的一方面或一个特征,而隐藏层用来表示特征提取。

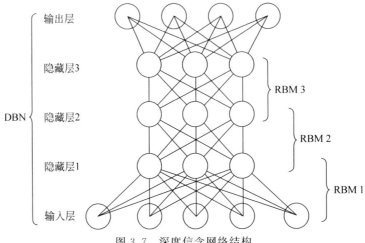

图 3.7　深度信念网络结构

深度信念网络建模流程如下所示:

(1) DBN 预训练。数据样本通过输入层,分别单独无监督地训练每一层 RBM 网络。RBM 网络是一种基于能量的模型,可以把网络的状态定义为能量,当能量达到最小时,网络状态最佳,RBM 网络训练过程就是使能量函数达到最小化的过程,可使用 Hinton 提出的对比散度算法(Contrastive Divergence,CD)更新训练 RBM 参数。通过层层训练,确保特征向量映射到不同特征空间时,都尽可能多地保留特征信息。

(2) DBN 微调。在 DBN 的最后一层设置 BP 网络,有监督地训练最后分类结果,通过计算误差评定,若不满足条件则采用反向传播网络将误差信息自顶向下传播至每一层 RBM,微调整个 DBN 网络。

(3) 通过不断重复训练,直至误差满足要求,输出结果。

3.4.6　循环神经网络

循环神经网络(Recurrent Neural Network,RNN)是一类以序列数据为输入,在序列的演进方向进行递归且所有节点(循环单元)按链式连接的递归神经网络。第一个全连接的循环神经网络在 1990 年被 Jeffrey Elman 提出,即 Elman 网络。循环神经网络经过多年的发展完善,现已发展为深度学习中的一类重要方法,其中双向循环神经网络(Bidirectional RNN,Bi-RNN),长短期记忆网络(Long Short-Term Memory networks,LSTM)和门限循环单元网络(Gated Recurrent Unit networks,GRU)是目前最常见的循环神经网络。循环神经网络对序列的非线性特征的学习具有一定优势,被广泛应用在语音识别、机器翻译、时间序列设备故障诊断和预测等领域。

　　循环神经网络模型结构如图 3.8 所示,其可以看作是一个全连接神经网络引入了循环机制,由若干循环单元连接组成,当前循环单元输出值不仅受到当前输入影响,也受到以前输入的影响。RNN 输入序列通常为时间序列,序列的演进方向被称为时间步,用 t 表示。循环单元都通过权重 W 连接。从图中我们可以看出,输出 o_t 由隐藏层 s_t 和权重 V 决定,而 s_t 又由输入 x_t 和权重 U 以及前一刻隐藏层 s_{t-1} 及权重 W 共同决定,它也体现了RNN 记忆性与参数共享的特点。

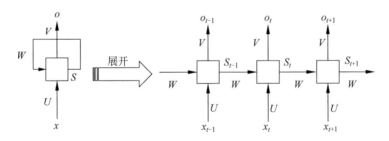

图 3.8　循环神经网络结构

循环神经网络建模流程如下所示。

　　(1)输入数据样本进入循环单元,经循环单元计算后输出。

　　(2)计算输出数据的误差,若误差不满足结束条件,使用时间反向传播BPTT(Back-Propagation Through Time)算法更新循环单元参数,BPTT 算法的本质是沿时间传播的 BP 算法,其步骤与 BP 算法基本相同,前向计算每个神经元的输出值,反向计算每个神经元的误差值,通过计算每个权重梯度,用随机梯度下降算法更新权重。

　　(3)通过不断重复训练,循环进行神经网络学习,直至满足条件结束。

基于卷积神经网络的轴承故障诊断方法

深度学习具有很强的特征提取能力,基于深度学习的故障智能诊断可以实现端到端的智能化诊断。本章主要介绍基于卷积神经网络的轴承故障诊断方法,具体包括基于卷积神经网络轴承故障诊断网络结构、故障诊断建模机理与建模策略;基于卷积神经网络轴承故障诊断模型构建流程与构建算法;结合美国凯斯西储大学(CWRU)提供的轴承数据集,完成基于卷积神经网络轴承故障诊断模型构建实验与模型验证实验。

4.1 基于卷积神经网络轴承故障诊断工作原理

4.1.1 基于卷积神经网络轴承故障诊断网络结构

基于卷积神经网络的轴承故障诊断网络结构如图 4.1 所示,它是一种多层次网络结构,由轴承振动数据输入层、卷积层、池化层、全连接层以及轴承故障诊断结果输出层组成。其中卷积层、池化层重复组合形成更深层的网

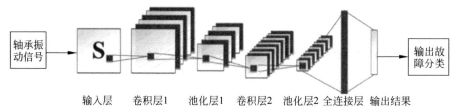

输入层　卷积层1　池化层1　卷积层2　池化层2　全连接层　输出结果

图 4.1　基于卷积神经网络结构轴承故障诊断网络结构

络结构。全连接层一般与输出层结合,对卷积后的数据进行分类(故障诊断)。对于一个深度学习模型来说,它的参数往往非常多,在训练过程中卷积层采用权值共享的策略来减少训练参数。所谓的权值共享就是每个通道共享一个卷积核。

1. 输入层

轴承振动数据输入层作为卷积神经网络的第一层,用来接收轴承振动信号训练和测试的样本。为了保证模型诊断能够正常进行,输入层往往要对输入样本的大小、格式等做校验。

2. 卷积层

卷积层可以有效地进行特征提取,卷积运算的本质是滑动卷积核与特征图进行卷积运算。某些卷积核具有特殊的作用,比如用卷积实现了平滑均值滤波、高斯平滑、图像锐化、边缘检测等。

3. 池化层

池化层进行的是降采样操作,目的是减少卷积神经网络中的参数数量。理论上讲,我们可以把所有解析出来的特征直接放入到一个分类器,但是当其层数很多、参数量非常大时,则极易出现过拟合现象。而池化层则可以对输入的特征图进行压缩,使特征图变小,简化网络计算复杂度,便于提取主要特征。

4. 全连接层

全连接层将前面提取的特征进行分类。将最后一个池化层的输出,铺展成一维的特征向量,作为全连接层的输入;再将输入与输出之间进行全连接,即每个神经元连接到输出层的每个神经元。全连接层一般与分类器结合使用,实现分类故障诊断功能。

5. 输出层

轴承故障诊断结果输出层主要实现分类功能。隐藏层经过训练后,最终通过输出层进行分类。因此输出层包含分类器,作用就是对训练特征进行分类,并在训练的时候将分类目标的误差反馈给卷积神经网络来调整权重。多元分类器目前主要有两种实现方法:一是基于逻辑回归的多个二元分类器构成多元分类器;二是基于 Softmax 回归的多元分类器。对于二元分类器来说适用于非互斥场景,而 Softmax 适用于互斥分类。对于轨道交通轴承的振动故障只考虑某一时刻只发生一种故障的情形,故使用 Softmax 回归。

4.1.2　基于卷积神经网络轴承故障诊断建模机理

基于积神经网络轴承故障诊断建模过程可分为两部分,其一是利用前向传播为样本计算预测值;其二是利用误差反向传播通过预测值与真实值之间的差异,使用优化算法更新权值。误差反向传播是卷积神经网络权值优化的关键步骤,通过链式法则,从后往前逐层计算目标函数关于权值的导数值。

1. 卷积神经网络前向训练过程

卷积神经网络属于多级神经网络,其中卷积层和池化层属于滤波级,其作用是提取信号特征;全连接层属于分类级,分类级对所学到的特征进行分类。

(1) 卷积层。

卷积层通过卷积核将输入信号的局部区域进行卷积运算,并产生相应的局部特征。其运算如式(4.1)所示。

$$y^{l(i,j)} = K_i^l * x^{l(j)} = \sum_{h=0}^{w*d-1} K_{i(h)}^l x_{(h)}^{l(j)} \tag{4.1}$$

其中,K_i^l 代表第 l 层中第 i 个卷积核,$x^{l(j)}$ 代表第 l 层中第 j 个被卷积的局部区域,$K_i^{l(h)}$ 代表第 l 层中第 i 个卷积核的第 h 个权值,$w*d$ 代表卷积核的大小。

前向传播经过卷积操作后,激活函数将对其卷积输出值进行非线性变换。在卷积神经网络中比较常用的激活函数有 Sigmoid() 函数、tanh()(双曲正切)函数、ReLU 函数等,其公式如下所示,三种激活函数的曲线图如图 4.2 所示。

$$\mathrm{Sigmoid}(y^{l(i,j)}) = \frac{1}{1 + \mathrm{e}^{-y^{l(i,j)}}} \tag{4.2}$$

$$\tanh(y^{l(i,j)}) = \frac{\mathrm{e}^{y^{l(i,j)}} - \mathrm{e}^{-y^{l(i,j)}}}{\mathrm{e}^{y^{l(i,j)}} + \mathrm{e}^{-y^{l(i,j)}}} \tag{4.3}$$

$$f(y^{l(i,j)}) = \max\{0, y^{l(i,j)}\} \tag{4.4}$$

这里选取最常用的 ReLU 函数作为激活函数,$y^{l(i,j)}$ 经过 ReLU 激活函数后的结果记为 $a^{l+1(i,j)} = f(y^{l(i,j)})$。

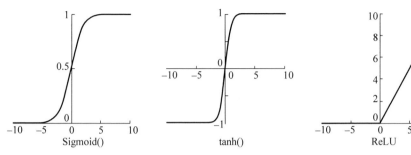

图 4.2　三种激活函数的曲线图

（2）池化层。

池化层通过降采样操作减少网络参数，常用的池化包括：最大池化、平均池化和求和池化。以最大值池化为例，最大池化是取感受野 m 中最大的特征值进行输出，其公式如式（4.5）所示：

$$pa^{l+1(m)} = \max(a^{l(i,j)}), \quad i * j \in m \tag{4.5}$$

（3）全连接层。

全连接层的作用是将提取出的特征铺展成一维特征向量将其作为全连接层的输入，通过 Softmax 函数将其转化为和为 1 的概率分布输出。全连接层正向传播公式如式（4.6）所示：

$$z^{l+1(j)} = \sum_m w^l_{mj} pa^{l(m)} + b^l_j \tag{4.6}$$

其中，$z^{l+1(j)}$ 代表了第 $l+1$ 层第 j 个神经元输出值，w^l_{mj} 代表了第 l 层第 m 个神经元与第 $l+1$ 层第 j 个神经元之间的权值，b^l_j 代表了第 l 层中所有神经元与第 $l+1$ 层中第 j 个神经元的偏置值。

当第 $l+1$ 层为输出层时，其激活函数 Softmax() 输出如式（4.7）所示：

$$q^j = \text{Softmax}(z^{l+1(j)}) = \frac{e^{z^{l+1(j)}}}{\sum_k e^{z^{l+1(k)}}} \tag{4.7}$$

2. 卷积神经网络反向训练过程

用损失函数来评价某段输入信号在经过神经网络后输出值与其目标值的一致性。经常用到的损失函数有交叉熵损失函数、对数似然损失函数以及平方误差损失函数等。

用 q 表示卷积神经网络输出的 Softmax() 值，p 表示其目标值。假定 **p** 为 one-hot 类型的**向量**，即当目标类别为 j 时，$p^j = 1$，否则 $p^j = 0$。由于交叉熵损失函数更注重衡量两个概率分布的一致性，这里选用交叉熵函数为损失函数,其表达式如(4.8)所示。

$$L = -\sum_j p^j \log q^j \tag{4.8}$$

(1) 全连接层反向求导。

首先,对损失函数 L 进行求导,得到表达式如式(4.9)所示。

$$\frac{\partial L}{\partial z^{l+1(j)}} = q^j \sum_i p^i - p^j \tag{4.9}$$

再计算 L 关于全连接层中偏置 b_j^l 与权值 w_{ij}^l 的偏导数如式(4.10)和式(4.11)所示。

$$\frac{\partial L}{\partial b_j^l} = \frac{\partial L}{\partial z^{l+1(j)}} \frac{\partial z^{l+1(j)}}{\partial b_j^l} = \frac{\partial L}{\partial z^{l+1(j)}} \tag{4.10}$$

$$\frac{\partial L}{\partial w_{ij}^l} = \frac{\partial L}{\partial z^{l+1(j)}} \frac{\partial z^{l+1(j)}}{\partial w_{ij}^l} = \frac{\partial L}{\partial z^{l+1(j)}} pa^{l(i)} \tag{4.11}$$

(2) 池化层反向求导。

依据最大池化方法,在反向传播时,将导数值传递给池化区域的最大值位置的神经元,其他神经元不参与传递,即导数为 0。其表达式见式(4.12)。

$$\frac{\partial L}{\partial a^{l(i,j)}} = \frac{\partial L}{\partial pa^{l(m)}} \frac{\partial pa^{l(m)}}{\partial a^{l(i,j)}} = \begin{cases} \dfrac{\partial L}{\partial pa^{l(m)}}, & a^{l(i,j)} \text{ 不是池化区 } m \text{ 中最大值} \\ 0, & a^{l(i,j)} \text{ 是池化区 } m \text{ 中最大值} \end{cases} \tag{4.12}$$

(3) 卷积层反向求导。

首先,计算 L 激活函数为 ReLU 的全连接隐藏层的激活值 $a^{l(i)}$ 以及其输出值的导数如式(4.13)和式(4.14)所示。

$$\frac{\partial L}{\partial a^{l(i)}} = \sum_j \frac{\partial L}{\partial z^{l+1(j)}} \frac{\partial z^{l+1(j)}}{\partial a^{l(i)}} = \sum_j \frac{\partial L}{\partial z^{l+1(j)}} w_{ij}^l \tag{4.13}$$

$$\frac{\partial L}{\partial z^{l(i)}} = \frac{\partial L}{\partial a^{l(i)}} \frac{\partial a^{l(i)}}{\partial z^{l(i)}} = \begin{cases} 0, & z^{l(i)} \leqslant 0 \\ \dfrac{\partial L}{\partial a^{l(i)}}, & z^{l(i)} > 0 \end{cases} \tag{4.14}$$

然后,计算 L 关于每个卷积层的值的导数如式(4.15)所示。

$$\frac{\partial L}{\partial y^{l(i,j)}} = \frac{\partial L}{\partial a^{l(i,j)}} \frac{\partial a^{l(i,j)}}{\partial y^{l(i,j)}} = \begin{cases} \dfrac{\partial L}{\partial a^{l(i,j)}}, & y^{l(i,j)} > 0 \\ 0, & y^{l(i,j)} \leqslant 0 \end{cases} \tag{4.15}$$

接着,计算 L 关于卷积层的输入值的导数如式(4.16)所示。

$$\frac{\partial L}{\partial x^{l(j)}} = \sum_i \frac{\partial L}{\partial y^{l(i,j)}} \frac{\partial y^{l(i,j)}}{\partial x^{l(j)}} = \sum_i \frac{\partial L}{\partial y^{l(i,j)}} \sum_{h=0}^{w*d-1} K_{i(h)}^l \qquad (4.16)$$

最后，L 关于卷积核 $K_{i(h)}^l$ 的导数如式(4.17)所示。

$$\frac{\partial L}{\partial K_{i(h)}^l} = \frac{\partial L}{\partial y^{l(i,j)}} \frac{\partial y^{l(i,j)}}{\partial K_{i(h)}^l} = \frac{\partial L}{\partial y^{l(i,j)}} \sum_j x^{l(j)} \qquad (4.17)$$

4.1.3 基于卷积神经网络轴承故障诊断建模策略

1. 数据增强策略

提高机器学习模型泛化的最好办法是使用更多的训练样本。数据增强技术即通过增加训练样本，从而达到提高深度神经网络泛化性能的目的。针对一维时域振动信号，我们采用重叠采样的数据增强方式，即从原始信号进行数据采样时，每一段信号与后一段信号是有重叠的。如图 4.3 所示，我们假设一个数据文件中数据采样点个数为 n，每次采集的训练样本长度为 L，数据偏移量为 w。组数为 G，总数据量 N 如式(4.18)所示。

$$G = \frac{n-L}{w}$$

$$N = GL \qquad (4.18)$$

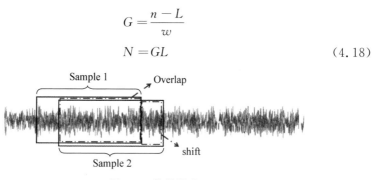

图 4.3 数据增强

2. 宽卷积核策略

传统的卷积神经网络也可以用于故障诊断，但是并不适用于轴承的故障诊断。对于二维卷积神经网络，3×3 是最小的能够捕获像素 8 邻域信息的尺寸。利用 2 个 3×3 的卷积核可以获得和 1 个 5×5 的卷积核同样大小的感受野，同时参数量更低，这样既可以加深网络深度，也可以实现以较少的参数，获取较大的感受野，从而抑制过拟合。

但是对于一维的时域振动信号来说，两层 3×1 卷积的结构，以 6 个权值为代价，仅仅获取了 5×1 的感受野，反而将优势变成了劣势。因此加宽卷积核可以作为一维卷积神经网络的一种有效改进策略。

3. 感受野选择策略

感受野是卷积神经网络最重要的设计依据之一。感受野的大小将直接影响网络层对于输入图像的特征感受级别,即某一层获得的特征是全局的、语义层次比较高的,还是局部的、细节的特征。当感受野比较小的时候,即卷积神经网络的头部层,其经过卷积核池化的次数较少,输出的特征图较大,反映的特征也更为精细和注重细节,而在卷积神经网络的尾部层,输入图像经过大量的卷积和池化,特征图的尺寸大小降低到很小,感受野也变得很大,因此反映出来的特征更加注重整体和全局。感受野的公式如下所示:

$$R^{(k)} = R^{(k-1)} + (f^{(k)} - 1) \prod_{i=1}^{k-1} S^{(i)} \tag{4.19}$$

其中,$R^{(k)}$ 是第 k 层的感受野大小,$f^{(k)}$ 是当前卷积核的大小,$S^{(i)}$ 是第 i 层的步长。对于 k 层的神经网络结构,$R^{(0)}$ 的大小为 1,在确定了每一层的卷积核大小和每一层的步长后,即可以计算出每一层的感受野大小。由于振动信号是周期性的,且每一个输入信号的相位值不一定相同。因此最后一个池化层的感受野大小至少应大于一个周期记录下的采样点个数。我们假设最后一个池化层在输入层的感受野大小为 $R^{(n)}$,T 为轴承转动一圈加速度记录的数据点数,L 为输入信号长度,那么应当有 $T \leqslant R^{(n)} \leqslant L$ 作为参数设计准则。

4. Adam 优化器策略

对于浅层的神经网络,使用 SGD(Stochastic Gradient Descent)随机梯度下降法即可收敛到全局最优点。但对于深度卷积神经网络来说,由于层数较深,参数、超参数较多,如果超参数选取的不好很容易陷入局部最优。对于深度卷积神经网络一般采用 Adam(adaptive moments)优化器。Adam 是一种学习率自适应优化算法,它利用梯度的一阶矩估计和二阶矩估计,动态调整每个参数的学习率。Adam 的优点主要在于经过偏置校正后,修正从原点初始化的一阶矩(动量项)和(非中心的)二阶矩的估计,使得每一次迭代学习率都有一个确定范围。Adam 通常对超参数的选择具有鲁棒性,因此对深度学习神经网络的参数调整很有帮助。

5. 批量归一化策略

批处理归一化层是为了减少内部协方差的移位,抑制过拟合,并且可以使学习快速进行(增大学习率)。批处理归一化层通常添加在卷积层或全连接层之后,在激活单元之前。批处理归一化就是进行使数据分布的均值为0、方差为1的标准化,其公式表示如下:

$$\mu_B = \frac{1}{m} \sum_{i=1}^{m} x_i \tag{4.20}$$

$$\sigma_B^2 = \frac{1}{m} \sum_{i=1}^{m} (x_i - \mu_B)^2 \tag{4.21}$$

$$\hat{x}_i = \frac{x_i - \mu_B}{\sqrt{\sigma_B^2 + \varepsilon}} \tag{4.22}$$

$$y_i = \gamma \hat{x}_i + \beta \tag{4.23}$$

其中,μ_B 和 σ_B^2 分别表示数据集合 $B = \{x_1, x_2, \cdots, x_m\}$ 的平均值和方差。式中的 ε 是一个微小值(例如 10^{-7} 等),它是为了防止出现除数为 0 的情况。γ 和 β 是数据进行缩放和平移的变换参数。

4.2　基于卷积神经网络的轴承故障诊断模型构建方法

4.2.1　基于卷积神经网络轴承故障诊断模型构建流程

针对轴承一维时域振动信号,结合卷积神经网络深度学习思想,我们提出了一种"加宽卷积核的卷积神经网络"WKCNN 用于轴承故障诊断[257]。基于 WKCNN 的轴承故障诊断模型构建流程如图 4.4 所示。

为了让卷积神经网络得到充分模型训练,需要对原始实验数据进行增强,以获得更多的数据。在确定输入信号的长度时,最后一个池化层的大小应尽可能覆盖输入信号的长度,以便网络可以获得更全面的数据特征。网络结构的设计从对卷积核的整体扩展开始。在激活函数的选择上,传统的 Sigmoid 激活函数针对深度网络结构容易出现梯度消失和训练时间过长的问题,因此我们选择 ReLU 函数。

通过卷积得到特征后,为了减少计算量,模型选择使用最大池化函数来处理对卷积运算得到的特征映射结果。当完成多层卷积计算和池化计算后,将提取的特征平滑展开成可以输出的向量。再利用全连接层来实现随机特征组合分类。最后第 $l+1$ 层为输出层,设轴承故障状态共有 10 个分类,其激活函数为 Softmax 如式(4.24)所示。

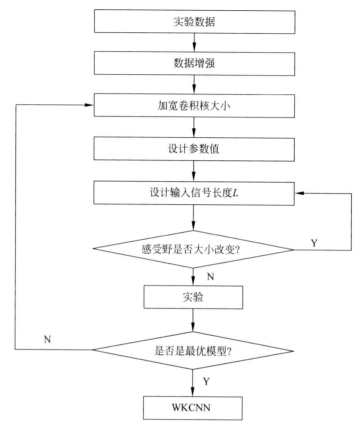

图 4.4　WKCNN 设计流程

$$q^{j} = \mathrm{Softmax}(z^{l+1(j)}) = \frac{\mathrm{e}^{z^{l+1(j)}}}{\displaystyle\sum_{k=1}^{10}\mathrm{e}^{z^{l+1(k)}}} \tag{4.24}$$

　　我们在实验过程中,对模型中的卷积核大小、步长等参数进行了不断的改进和调整。如果感受野的大小发生变化,则需要重新设计输入信号的长度,使感受野大小尽可能覆盖输入信号的长度。在精度、时间和抗干扰方面进行了实验,并不断逼近最优模型。

4.2.2　一种基于 WKCNN 轴承故障诊断模型构建算法

　　基于 WKCNN 的轴承故障诊断模型构建算法如下所示。

算法 4.1　WKCNN 轴承故障诊断模型构建算法

输入：轴承一维时域振动信号；数据文件中数据采样点个数为 n，输入信号长度 L，偏移 w，组数为 G，总数据量 N；$R^{(k)}$ 是第 k 层感受野，$R^{(0)}$ 的值是 1，$f^{(k)}$ 是当前卷积核的大小，$S^{(i)}$ 是第 i 层的步长；T 为轴承转动一圈振动加速度记录的数据点数。

输出：WKCNN 模型分类和模型评估结果。

方法：

1. 数据增强 $G = \dfrac{n-L}{w}$，$N = GL$

2. 通过实验结果不断调整模型参数

while 测试集结果仍可以提升 do

设计卷积核的大小和网络层数。

设计参数值包括 mini-batch 大小，epochs 值等。

计算感受野：$R^{(k)} = R^{(k-1)} + (f^{(k)} - 1) \times \prod\limits_{i=1}^{k-1} S^{(i)}$

$R^{(n)}$ 的范围：$T \leqslant R^{(n)} \leqslant L$。

设计输入信号 L 的长度：L 的长度由上述公式决定。

训练 WKCNN 模型并得到最终结果。

end while

由于深度学习是一种基于统计学的端到端算法，通过使用反向传播算法可以发现大数据集中的复杂结构。然而，它的学习过程对我们来说就像一个黑匣子，了解它的内部结构对我们来说是十分困难的。算法 4.1 的核心工作是在实验的基础上帮助我们确定各参数的最优值，通过感受野大小确定输入信号的长度。为了获得更多的数据特征信息，感受野的大小应尽可能覆盖输入数据的长度。感受野的大小由卷积核的大小决定。对于一维卷积神经网络来说，对加宽卷积核是一个非常合适的策略，它还可以抑制数据过拟合的问题。因此，我们需要在实验中不断调整卷积核的大小和输入信号的长度，来寻找一个较优的故障诊断模型。

4.3　基于卷积神经网络的轴承故障诊断模型实验

4.3.1　基于 WKCNN 轴承故障诊断数据源

轴承故障诊断模型实验数据来自美国凯斯西储大学(CWRU)提供的轴承数据集，该数据集是目前世界上最优的轴承故障诊断标准数据集。

　　CWRU轴承数据采集实验平台如图4.5所示,实验平台主要由一个1.5kW的电动机、一个扭矩传感器/译码器、一个功率测试计以及电子控制器等设备组成。将加工过的故障轴承重新装入测试电动机中,电动机分别

在0HP,1HP,2HP和3HP(HP,马力)负载工况工作条件下运转,对应的电动机转速分别为1797r/min、1772r/min、1750r/min和1730r/min。电动机运转过程中记录振动加速度信号数据,CWRU轴承数据采集系统的采样频率为12kHz。该轴承的故障由电火花加工制造而成。被诊断的轴承有三种缺陷位

图4.5　CWRU数据采集系统

置,分别是滚动体损伤,外圈损伤与内圈损伤,损伤的直径大小分别为包括0.007in(1in=2.54cm)、0.014in和0.021in,共计9种损伤状态。

　　本实验测试所用的数据为CWRU数据集中轴承型号为SKF6205的驱动端轴承故障数据。从CWRU中的单个数据文件的解析可以看出,每一个数据文件的数据量约有120000个采样点,即根据采样系统的采样频率12kHz以及转速1797r/min,能够计算得出数据采集持续时间大约为10s,同时也能够计算得知轴承每转动一圈大约采集400条数据。

　　为避免偶然因素造成不确定影响,本文使用5200条数据即轴承转动13圈生成的数据制作为单个样本进行训练。由于轴承采集的数据为周期性数据,因此为充分利用数据,同时也为避免训练过程中出现过拟合现象,利用本文提到的数据增强方式进行数据的扩展。

　　本实验所涉及的轴承故障诊断分类分为10类、9类故障轴承和1类无故障轴承。训练数据集为7000,测试数据集为1000。具体的标签分类见表4.1。

表4.1　WKCNN轴承故障诊断数据集描述

故障位置	无	内圈故障			外圈故障			滚动体故障		
标签	0	1	2	3	4	5	6	7	8	9
损伤直径 (in)	无	0.007	0.014	0.021	0.007	0.014	0.021	0.007	0.014	0.021
训练集 (个数)	700	700	700	700	700	700	700	700	700	700
测试集 (个数)	100	100	100	100	100	100	100	100	100	100

4.3.2　基于 WKCNN 轴承故障诊断模型构建实验

整个轴承故障诊断模型实验过程包括数据增强、模型训练和模型诊断。利用 TensorFlow 和 Keras 框架在 Python 3.7 环境下搭建 WKCNN 故障诊断模型。

实验参数最佳值和范围如表 4.2 所示，在训练过程中，mini-batch 的大小在 32～1024 最优值为 256，Adam 算法在 0.0001～1 最优值为 0.001，epoch 在 1～100 最优值为 20。

表 4.2　实验参数最佳值和范围

参　　数	范　　围	准　确　率	最　优　值
mini-batch	32～1024	96.20%～99.90%	256
Adam	0.0001～1	63.80%～99.90%	0.001
epochs	1～100	28.60%～99.90%	20
训练集	70～14000	40.00%～99.90%	7000
测试集	10～2000	40.00%～99.90%	1000

1. 卷积核大小对比实验

本实验使用 1HP 的轴承故障数据，网络模型包含五层卷积层，五层池化层，后三层卷积核宽度大小为 5，池化层宽度全部为 2。通过改变前两层的卷积核的大小来证明使用宽卷积核的有效性。由表 4.3 可知，当卷积核前两层宽度较大时获得的准确率较高，例如，当前两层卷积核宽度为 5 时，准确率仅为 79.29%，当第一层卷积核为 128，第二层大小为 32 时，准确率可以达到 97.50%。但是，并不是卷积核越大准确率越高，当卷积核过大时，时域分辨率降低，造成部分细节特征缺失。由实验可知在前两层卷积核大小分别为 64,16 的情况下，诊断准确率最高，可以达到 99.90%。

表 4.3　前两层不同卷积核大小的诊断结果

第　一　层	第　二　层	准　确　率
5	5	79.29%
16	5	83.30%
32	5	86.89%
64	5	88.50%

续表

第　一　层	第　二　层	准　确　率
128	5	89.29%
5	16	86.89%
16	16	89.80%
32	16	95.20%
64	16	99.90%
128	16	97.69%
5	32	88.69%
16	32	91.89%
32	32	95.10%
64	32	98.50%
128	32	97.50%

2. 网络层数对比实验

本实验使用 1HP 的轴承故障数据通过改变 WKCNN 层数来说明五层卷积五层池化结构加一个全连接层的最优性(五层结构),实验中使用单层结构、双层结构、三层结构、四层结构、六层结构和七层结构来做对比。如图 4.6 所示,在五层结构中 WKCNN 的故障诊断准确率最高可达 99.90%,而高于或少于五层结构准确率都有所下降。在表 4.4 中,5 层 WKCNN 诊断一个信号的时间为 0.442ms 可以很好地满足实时性要求。

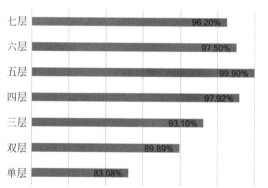

图 4.6　不同层结构下的准确率

表 4.4　单个信号处理时间

层数	单层	双层	三层	四层	五层	六层	七层
时间/ms	0.367	0.403	0.420	0.432	0.442	0.454	0.476

3. WKCNN 模型结构

针对轴承一维振动信号,通过上述两个实验设计提出模型 WKCNN 如图 4.7 所示。

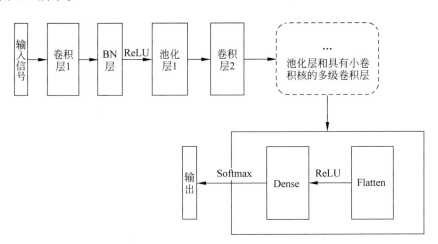

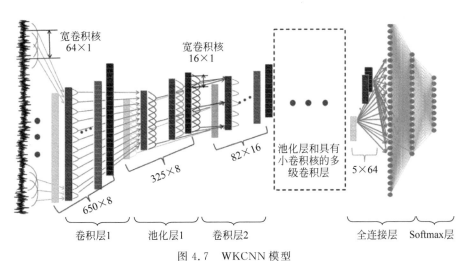

图 4.7　WKCNN 模型

该网络包含 5 个卷积层,5 个池化层,1 个全连接隐藏层,以及 1 个 Softmax 层。时域振动信号经过数据增强后通过第一个卷积层,再进入批量归一化层以及 ReLU 激活层,变成一组特征图,再通过最大池化进行降采样操作。重复 5 次上述操作,可以完成输入信号的特征提取与特征选择。随着层数的增加,输出信号的宽度也随之变小。信号的分类操作由全连接层完成,在 TensorFlow 和 Keras 框架利用 Flatten 将最后一层池化层中得到的数据特征全部展开,利用 Dense 将其进行非线性变换,提取这些特征之间的关联。最后在输出层,利用 Softmax 函数使 10 个神经元的输出对应轴承实验的 10 种不同故障状态。

WKCNN 通过结合数据增强、卷积核大小对比以及网络层数对比实验,最终确定了 5 层卷积,5 层池化和 1 个全连接层的深度卷积神经网络结构,WKCNN 的前两层选择为大卷积核,目的是提取短时特征。除了前两层外,其余卷积层的卷积核同时采用了宽度为 5 的小卷积核。由于卷积核参数少,这样有利于加深网络,同时可以抑制过拟合。

WKCNN 网络结构具体参数如表 4.5 所示,该网络模型的初始卷积核大小为 64×1,卷积核数量为 8 个;第二层卷积核大小为 16×1,卷积核数量为 8 个;第三、四层卷积核大小为 5×1,卷积核数量为 32 个;第五层卷积核大小为 5×1,卷积核数量为 64。池化层的区域大小全部选取为 2。全连接层隐含神经元个数为 64。其中反向传播过程中选择了 Adam 优化算法来更新权值,使得目标函数的值达到最小。

表 4.5 WKCNN 的结构参数

序号	层类型	卷积核大小/步长	卷积核数量	输出大小(宽度×深度)
1	Conv1	64/8	8	650×8
2	Pooling1	2/2	8	325×8
3	Conv2	16/4	16	82×16
4	Pooling2	2/2	16	41×16
5	Conv3	5/1	32	41×32
6	Pooling3	22	32	20×32
7	Conv4	5/1	32	20×32
8	Pooling4	2/2	32	10×32
9	Conv5	5/1	64	10×64
10	Pooling5	2/2	64	5×64
11	Flatten			320
12	Dense			64
13	Softmax			10

4.3.3　基于 WKCNN 轴承故障诊断模型验证实验

1. 不同数据规模大小下模型对比实验

在本实验中,对 WKCNN 模型进行训练,训练样本分别为 70、350、700、1400、3500、5600、7000、10500、14000 组。工作负载为 1Hp,mini-batch 大小为 256,Adam 算法的学习率为 0.001,epochs 为 20。实验结果如图 4.8 所示。

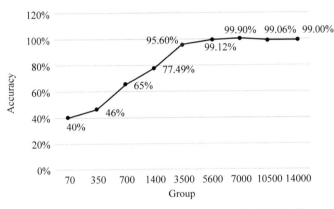

图 4.8　不同训练样本数目下 WKCNN 模型测试结果

当训练样本为 14000 时,诊断准确率高达 99%,而当训练样本为 70 次时,准确率仅为 40%。实验结果说明训练样本的数量对诊断准确率有一定影响,训练样本的数量超过 3500 时,准确率可以达到 95.6% 以上。不难发现,随着样本量的增加,准确率在开始时显著提高,但在达到一定阈值后,准确率的提高速度开始放缓,达到峰值后又缓慢下降。当样本大小为 7000 时,准确率为 99.90%,即曲线的峰值,而当样本数量超过 7000 时,准确率略有下降,保持在 99% 左右。通过本实验,我们可以得出 7000 组训练数据是一个理想值。不仅准确率最高,而且在数量和规模上都满足 WKCNN 的训练要求。当训练样本数据超过 7000 时,训练样本的准确率会增加,过拟合问题会导致测试集样本的准确率下降。换句话说,当训练数据量太小的时候会出现欠拟合,而当训练数据量太大的时候可能会出现过拟合。因此,在接下来的实验中,我们用 7000 个样本训练 WKCNN 模型。

2. 不同迭代次数下模型对比实验

在本实验中,训练数据集的个数为 7000,测试数据集为 1000,负载为 1Hp,mini-batch 大小为 256,Adam 算法的学习率为 0.001。我们将 WKCNN 模型中的 epochs 值调整为 1,5,10,15,20,50,100。图 4.9 显示,当 epochs 从 1 增加到 15 时,准确率增加了 68.90%。epochs=20 时的精度最高可达到 99.90%。当 epochs 数达到 50 时,准确率为 98.90%,而 epochs 次数达到 100 时,准确率仅为 96.50%。

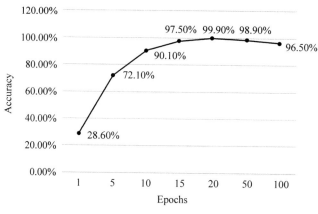

图 4.9   不同 epochs 下 WKCNN 模型测试结果

实验结果表明当 epochs 为 1～20 倍时,模型仍然欠拟合。在超过 20 次后,训练数据集的误差减小,测试集的误差增大,属于过拟合。因此,我们可以确定 20 是最优的代数。如果代数过少,会导致拟合不足,如果代数过高,会导致过拟合。分析表明,WKCNN 可以在较少 epochs 的情况下实现较高的故障诊断准确率,可以较快地学习一维数据中的特征。

3. 不同负载下模型对比实验

在本实验中,研究了 WKCNN 在不同负载条件下故障诊断的准确率。在模型训练过程中,训练数据集的个数为 7000,测试数据集的个数为 1000,mini-batch 大小为 256,Adam 算法的学习率为 0.001,epochs 为 20。分别在 0HP、1HP、2HP 和 3HP 负载下测试了 WKCNN 模型准确率。

实验结果如表 4.6 所示,WKCNN 在每个数据集上的诊断准确率都达到了 99.90% 以上,该模型在 2HP 和 3HP 上的测试结果准确率可以达到 100%。

表 4.6 不同负载下 WKCNN 的诊断准确率

负载	0HP	1HP	2HP	3HP
准确率	99.90%	99.90%	100%	100%

4. 变负载下模型对比实验

训练集 A、B、C 分别表示 1HP、2HP、3HP 负载下的训练数据。本实验在 6 种不同的变负载情况下,对比 WKCNN 模型和另外 4 个故障诊断模型的可变负载能力。其中 FFT-SVM、FFT-MLP 和 FFT-DNN 是三个先对数据进行快速傅里叶变换(FFT)后再进行分类的诊断方法,另一个是文献[20]提出的一种基于卷积神经网络的诊断模型 WDCNN。

实验结果如图 4.10 所示,从中我们发现三种经快速傅里叶变换后的故障诊断方法其准确率要低于基于卷积神经网络自适应特征提取的诊断方法。基于卷积神经网络的诊断方法可实现端到端的自动提取和分类特征,无需过多的人工干预,可以更好地发现样本中保留的隐藏特征。与WDCNN 相比,WKCNN 的每个卷积核都更宽,这样可以得到一个更大的感受野,使得 WKCNN 得到的特征更加全局化,从而可以更有效地抑制过拟合。从工作负载的变化来看,1~3HP 之间的诊断准确率明显低于 1~2HP 和 2~3HP 的诊断准确率,这表明负载变化越大,故障状态下的信号差异越大。

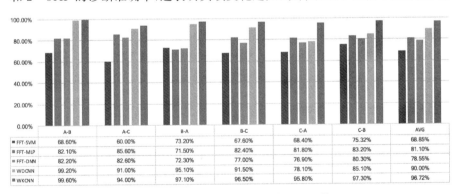

	A-B	A-C	B-A	B-C	C-A	C-B	AVG
FFT-SVM	68.60%	60.00%	73.20%	67.60%	68.40%	75.32%	68.85%
FFT-MLP	82.10%	85.60%	71.50%	82.40%	81.80%	83.20%	81.10%
FFT-DNN	82.20%	82.60%	72.30%	77.00%	76.90%	80.30%	78.55%
WDCNN	99.20%	91.00%	95.10%	91.50%	78.10%	85.10%	90.00%
WKCNN	99.60%	94.00%	97.10%	96.50%	95.80%	97.30%	96.72%

图 4.10 变负载情况下各种方法的比较

5. 不同信噪比下模型对比实验

在轴承的实际运行情况中,一定会包含外界干扰噪声。被诊断信号的噪声一般为加性高斯白噪声,通常评价噪声中强弱的标准是信噪比 SNR。令 P_S 与 P_N 分别表示信号与噪声的能量,则 SNR 的公式如式(4.25)所示:

$$SNR = 10\lg\left(\frac{P_S}{P_N}\right) \tag{4.25}$$

由上式可知,噪声越大 SNR 越小,当信号和噪声能量大小相同时,SNR 为 0。

在本实验中,在训练集上加入信噪比为 0-10dB 的加性高斯白噪声来检测 WKCNN 的抗噪性。如表 4.7 所示,将 WKCNN 与 FFT-SVM、FFT-MLP、FFT-DNN 和 WDCNN 进行比较。实验训练数据集为 7000,测试数据集为 1000,mini-batch 大小为 256,epochs 为 20。发现 FFT-MLP 和 FFT-DNN 在 0dB 噪声情况下最高的准确率,分别只有 41.50% 和 58.52%,FFT-SVM 的准确率为 89.50%。然而,这两种深度学习方法在没有任何去噪预处理的情况下,识别准确率都达到了 98% 以上,再次证明了与传统方法相比,深度学习方法通过端到端方式学习更多的隐藏特征,学习能力更强。与 WDCNN 相比,WKCNN 在 0~10dB 的性能略高于 WDCNN,原因是 WKCNN 整体更宽的卷积核可以更有效地避免过拟合。

表 4.7　比较不同方法的抗噪声性能

模　　型	SNR					
	0dB	2dB	4dB	6dB	8dB	10dB
FFT-MLP	41.50%	50.34%	78.65%	92.35%	97.24%	99.38%
FFT-DNN	58.52%	70.24%	85.34%	95.78%	98.20%	99.50%
FFT-SVM	89.50%	96.38%	97.23%	98.52%	99.00%	99.52%
WDCNN	98.77%	99.49%	99.67%	99.80%	99.81%	99.88%
WKCNN	98.90%	99.52%	99.77%	99.82%	99.86%	99.89%

6. 故障诊断模型性能评估

为评估 WKCNN 模型性能,使用 Precision,Recall,F1-Measure 和 ROC 曲线来评估模型。我们将训练数据集设置为 7000,测试数据集设置为 1000,mini-batch 大小为 256,epochs 为 20。被诊断的轴承有三种位置缺陷,即球损伤、外圈损伤和内圈损伤,损伤直径分别为 0.007 英寸、0.014 英寸和 0.021 英寸,一共有 9 种故障损伤状态和 1 种正常状态。通过模型实验,在表 4.8 中给出了每种类型的查准率 Precision、查全率 Recall、F1 度量 F1-Measure、宏平均 Macro Avg 和权重平均(Weight Avg)的值。实验结果表明,WKCNN 故障诊断模型的准确率、召回率和 F1-Measure 的两种方法平均值均达到 99%。

表 4.8 WKCNN 性能度量

分　类	查准率	查全率	F1 度量	数量
B007	100%	100%	100%	100
B014	100%	100%	100%	100
B021	96%	93%	94%	100
IR007	93%	96%	95%	100
IR014	100%	100%	100%	100
IR021	100%	100%	100%	100
OR007	100%	100%	100%	100
OR014	100%	100%	100%	100
OR021	100%	100%	100%	100
Normal	100%	100%	100%	100
Macro avg	99%	99%	99%	1000
Weight avg	99%	99%	99%	1000

图 4.11 描述了 WKCNN 模型的 ROC 曲线及曲线下面积 AUC(Area Under the Curve)。纵轴为真阳性率,横轴为假阳性率。一个好的模型是显示一个高的真阳性率值和低的假阳性值。当一条曲线被另一条曲线完全包围时,可以断言后者比前者表现得更好。结果表明,在 10 个分类中,第 2 类的 AUC 为 0.9987,第 3 类的 AUC 为 0.9974。其余分类均达到 1,证明了 WKCNN 在诊断轴承故障方面的良好性能。

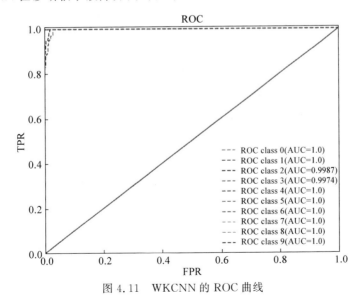

图 4.11 WKCNN 的 ROC 曲线

基于深度信念网络的轴承故障诊断方法

　　作为第二类深度学习方法——深度信念网络,是一种采用逐层训练方式训练的深度神经网络。本章主要提出一种基于深度信念网络的轴承故障诊断方法,具体包括基于深度信念网络的轴承故障诊断网络结构与故障诊断建模机理;基于深度信念网络的轴承故障诊断模型构建流程与构建算法;结合美国凯斯西储大学(CWRU)提供的轴承数据集,完成基于深度信念网络的轴承故障诊断模型实验。

5.1　基于深度信念网络故障诊断工作原理

5.1.1　基于深度信念网络的轴承故障诊断网络结构

　　基于深度信念网络 DBN 的轴承故障诊断网络结构如图 5.1 所示,它是具有许多隐藏层的前馈神经网络,这些隐藏层可以使 DBN 对数据中的复杂关系具有更强大的建模能力。

　　基于 DBN 的轴承故障诊断网络结构的输入层对应轴承振动信号的输入,中间是多个受限玻尔兹曼机 RBM 构成的隐藏层,输出层对应故障诊断分类结果输出。从输入层到输出分类层,每两个相邻层形成一个 RBM。

5.1.2　基于深度信念网络的轴承故障诊断建模机理

　　基于 DBN 的轴承故障诊断建模过程包括 DBN 无监督学习和 DBN 有

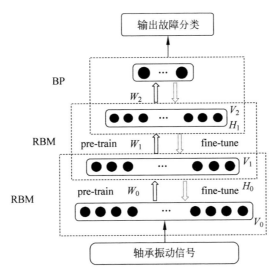

图 5.1　基于 DBN 的轴承故障诊断网络结构

监督反向调参两个阶段。

1. DBN 无监督学习训练过程

在这个训练阶段,通过一个非监督贪婪逐层训练方法去预训练模型的权值。首先把数据向量 x 和第一层隐藏层 h_1 作为一个 RBM,使用 CD-K 算法训练出这个 RBM 的参数(连接 x 和 h_1 的权重,x 和 h_1 各个节点的偏置等),然后固定这个 RBM 的参数,把 h_1 视作可见向量,把 h_2 视作隐藏向量,训练第二个 RBM,得到其参数,然后固定这些参数。接着训练更高层的 RBM。

RBM 是两层神经网络。数据输入层或可见层由可见单元 $v = (v_1, v_2, v_3, \cdots, v_n)$ 组成,隐藏层由隐藏单元 $h = (h_1, h_2, h_3, \cdots, h_m)$ 组成,通过权重矩阵 w_{n*m} 连接每个可见单元和每个隐藏单元。

可见单元和隐藏单元的联合分布符合玻尔兹曼分布,通过能量函数 $E(V, H)$ 的概率密度为

$$P(V, H) = \frac{1}{Z} \mathrm{e}^{-E(V, H)} \tag{5.1}$$

$$Z = \sum_{V, H} \mathrm{e}^{-E(V, H)} \tag{5.2}$$

其能量函数 $E(V, H)$ 为

$$E(V,H) = -\sum_{i=1}^{n} a_i v_i - \sum_{j=1}^{m} b_j h_j - \sum_{i=1}^{n} \sum_{j=1}^{m} v_i w_{ij} h_j \tag{5.3}$$

其中 v_i 和 h_j 分别表示可见层中的第 i 个神经元和隐藏层中的第 j 个神经元的状态，其中 a_i 和 b_j 是它们的偏差，而 $w_{ij} = w_{ji}$ 是第 i 个神经元和第 j 个神经元之间的双向权重。

在一个 RBM 中，隐藏神经元 h_j 被激活的概率如下：

$$P(h_j \mid v) = \sigma\left(a_j + \sum_{i=1}^{n} w_{ij} v_i\right) \tag{5.4}$$

在一个 RBM 中，隐藏神经元 v_i 被激活的概率如下：

$$P(v_i \mid h) = \sigma\left(b_i + \sum_{j=1}^{m} w_{ij} h_j\right) \tag{5.5}$$

其中，σ 为 Sigmoid 函数：$\sigma(x) = 1/(1 + e^{-x})$，也可以设定为其他函数。

RBM 的训练过程实际上是求出一个最能产生训练样本的概率分布。也就是说，要求一个分布，在这个分布里，训练样本的概率最大。由于这个分布的决定性因素在于参数 w、b，所以我们训练 RBM 的目标就是寻找最佳的权值。

RBM 的权值连接是单向的，因此 RBM 无需监督即可从输入数据中学习特征信息。训练的过程是通过调整权重和偏差来增加得到输入数据 $P(V)$ 的可能性。对比散度算法（Contrastive Divergence，CD）是训练 RBM 的一个快速学习算法。它只需要 k 步 Gibbs（吉布斯）采样（简记为 CD-K）就可以得到一个足够好的近似模型，甚至当 $K = 1$ 时就可以达到很好的训练效果。

CD-K 算法训练过程为，在可视层会产生一个向量 v，通过它将值传递到隐藏层。反过来，可视层的输入会被随机的选择，以尝试去重构原始的输入信号。最后，这些新的可视的神经元激活单元将前向传递重构隐藏层激活单元，获得 h（在训练过程中，首先将可视向量值映射给隐单元；然后可视单元由隐藏层单元重建；这些新可视单元再次映射给隐单元，这样就获取新的隐单元。执行这种反复步骤称为 Gibbs 采样）。而隐藏层激活单元和可视层输入之间的相关性差别就作为权值更新的主要依据。各个参数更新策略的方法，使用如下的式子：

$$w_{ij}^{\text{epoch}+1} = w_{ij}^{\text{epoch}} + \alpha \text{CD} \tag{5.6}$$

$$a_i^{\text{epoch}+1} = a_i^{\text{epoch}} + \alpha \frac{1}{m} \sum_{i=1}^{m} (h_i^{\text{epoch}-1} - h_i^{\text{epoch}}) \tag{5.7}$$

$$b_i^{\text{epoch}+1} = b_i^{\text{epoch}} + \alpha \frac{1}{n} \sum_{i=1}^{n} (v_i^{\text{epoch}-1} - v_i^{\text{epoch}}) \tag{5.8}$$

其中，α 为学习率。对比散度 $CD = \langle h_i^{\text{epoch}-1} v_j^{\text{epoch}-1} \rangle - \langle h_i^{\text{epoch}} v_j^{\text{epoch}} \rangle$，$\langle \ \rangle$ 表示分布的平均。

2. DBN 有监督反向调参训练过程

在无监督学习之后，可以获得特征模型。在 DBN 的最后一层设置 BP 网络，接收 RBM 的输出特征向量作为它的输入特征向量，有监督地训练实体关系分类器。而且每层 RBM 网络只能确保自身层内的权值对该层特征向量映射达到最优，并不是对整个 DBN 的特征向量映射达到最优，所以反向传播网络还将错误信息自顶向下传播至每层 RBM，微调整个 DBN 网络。RBM 网络训练模型的过程可以看作对一个深层 BP 网络权值参数的初始化，使 DBN 克服了 BP 网络因随机初始化权值参数而容易陷入局部最优和训练时间长的缺点。

通常用损失函数 $L(Y, f(x))$ 来评估模型好坏程度，即预测值 $f(x)$ 与真实值的不一致程度，损失函数的值越小，模型的鲁棒性也就越好，对新数据的预测能力也就越强。传统的损失函数有：均方误差损失函数（Mean Squared Error Loss Function）、交叉熵损失函数（Cross-Entropy Loss Function）等。

均方误差损失函数的基本形式如下：

$$L(Y, f(x)) = \frac{1}{D_N} \sum_{i=1}^{D_N} (h_i^N - Y_i)^2 \tag{5.9}$$

交叉熵损失函数的基本形式如下：

$$L(Y, f(x)) = -\frac{1}{D_N} \sum_{i=1}^{D_N} Y_i \ln h_i^N \tag{5.10}$$

其中，Y 是目标，D_N 是输出层的节点个数，h^N 是模型的输出。

当使用 Sigmoid 作为激活函数时，常用交叉熵损失函数而不用均方误差损失函数，因为它可以完美解决平方损失函数权重更新过慢的问题，具有"误差大的时候，权重更新快；误差小的时候，权重更新慢"的良好性质。

目前的 DBN 模型使用基于梯度的学习方法进行模型的训练，而在训练过程中也主要是通过计算损失函数的梯度来更新网络参数。常用的梯度的学习方法有：随机梯度下降法（Stochastic Gradient Descent，SGD）、Momentum 标准动量优化方法、NAG(Nesterov Accelerated Gradient)牛顿加速梯度动量优化方法、Adam 自适应学习率优化算法等。

　　随机梯度下降法(SGD)：更新模型参数的表达式如下：

$$W_{t+1} = W_t - \eta_t g_t \tag{5.11}$$

其中，学习率为 η_t；$g_t = \nabla L(W_t; X^{(i_s)}; Y^{(i_s)})$，表示一个随机的梯度方向，$i_s \in \{1, 2, \cdots, n\}$，$X^{(i_s)}$ 从训练集中取出的一个大小为 n 的小批量 $\{X^{(1)}, X^{(2)}, \cdots, X^{(n)}\}$ 样本，对应的真实值分别为 $Y^{(i_s)}$；W_t 表示 t 时刻的模型参数。

　　Momentum 标准动量优化方法：更新模型参数的表达式如下：

$$v_t = \alpha v_{t-1} + \eta_t \nabla L(W_t; X^{(i_s)}; Y^{(i_s)}) \tag{5.12}$$

$$W_{t+1} = W_t - v_t \tag{5.13}$$

其中，v_t 表示 t 时刻积攒的速度；α 表示动力的大小，一般取值为 0.9；$\Delta L(W_t; X^{(i_s)}; Y^{(i_s)})$ 含义同 SGD 算法；W_t 表示 t 时刻模型参数。

　　NAG 牛顿加速梯度动量优化方法：更新模型参数的表达式如下：

$$v_t = \alpha v_{t-1} + \eta_t \nabla L(W_t - \alpha v_{t-1}) \tag{5.14}$$

$$W_{t+1} = W_t - v_t \tag{5.15}$$

其中，v_t 表示 t 时刻积攒的速度；α 表示动力的大小；η_t 表示学习率；W_t 表示 t 时刻的模型参数；$\nabla L(W_t - \alpha v_{t-1})$ 表示损失函数关于 W_t 的梯度。

5.2　基于深度信念网络的轴承故障诊断模型构建

5.2.1　基于深度信念网络的轴承故障诊断模型构建流程

　　基于深度信念网络 DBN 的轴承故障诊断模型构建流程如图 5.2 所示。

5.2.2　基于深度信念网络的轴承故障诊断模型构建算法

　　基于深度信念网络 DBN 的轴承故障诊断模型构建算法如下所示，整个算法包括使用贪心无监督方法和逐层基于反向传播的监督学习两部分组成。

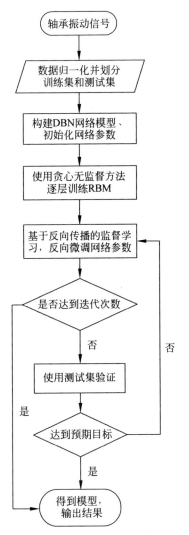

图 5.2 轴承故障诊断的 DBN 模型流程图

算法 5.1 基于 DBN 的轴承故障诊断模型建模算法

输入：轴承振动信号数据集 X

　　　隐藏层 h，层数 N，迭代次数 Q_1，Q_2

　　　参数空间 w，偏置 a、b，学习率 α

　　　标注数据的个数 L，未标注数据的个数 U

输出：包含训练后参数空间的 DBN 网络

方法：

  使用贪婪无监督方法逐层构建网络

  for k=1;k<N do

  for i=1;i<Q_1 do

   for j=1;j<U do

    计算非线性正向和反向状态

$$P(h_j \mid v) = \sigma\left(a_j + \sum_{i=1}^{n} w_{ij}v_i\right)$$

$$P(v_i \mid h) = \sigma\left(b_i + \sum_{j=1}^{m} w_{ij}h_j\right)$$

  CD 算法更新权重和偏置：

$$w_{ij}^{\text{epoch}+1} = w_{ij}^{\text{epoch}} + \alpha\text{CD}$$

$$a_i^{\text{epoch}+1} = a_i^{\text{epoch}} + \alpha\,\frac{1}{m}\sum_{i=1}^{m}(h_i^{\text{epoch}-1} - h_i^{\text{epoch}})$$

$$b_i^{\text{epoch}+1} = b_i^{\text{epoch}} + \alpha\,\frac{1}{n}\sum_{i=1}^{n}(v_i^{\text{epoch}-1} - v_i^{\text{epoch}})$$

基于反向传播的监督学习

计算代价函数并反向微调网络参数以寻找模型最优解

for i=1;i<Q_2 do

构建损失函数：$L(Y, f(x)) = \dfrac{1}{D_N}\sum_{i=1}^{D_N}(h_i^N - Y_i)^2$

目标函数：$\theta^* = \text{argmin}_\theta L(f(X;\theta))$

使用 NAG 优化器算法更新权重：

$$v_t = \alpha v_{t-1} + \eta_t\,\nabla L(W_t, -\alpha v_{t-1})$$

$$\boldsymbol{W}_{t+1} = \boldsymbol{W}_t - \boldsymbol{v}_t$$

5.3　基于深度信念网络的轴承故障诊断模型实验

5.3.1　基于深度信念网络的轴承故障诊断数据源

  轴承故障诊断模型实验数据来自美国凯斯西储大学(CWRU)提供的轴承数据集。本次实验对象为驱动端轴承,轴承型号为 SKF6205,轴承故障由电火花加工制作而成,系统的采样频率为 12kHz 以及转速 1797r/min。被诊断的轴承一共有 3 种缺陷位置,分别是滚动体损伤,外圈损伤与内圈损伤,损伤直径的大小分别为 0.007 英寸,0.014 英寸和 0.021 英寸,共计 9 种损伤状态。轴承的一个旋转周期对应的采样点数为 400,使用包含 2 个完整周期的 800 个数据点进行诊断实验。为了便于提高训练速度和分类精度,对每段信号均做标准归一化处理,标准归一化处理如式(5.16)所示。

$$X = (X - \text{mean})/\text{std} \qquad (5.16)$$

式中 X 为信号数据集,mean 为其均值,std 为其标准差。经过处理后数据符合标准正态分布,即均值为 0,标准差为 1。

本实验用到 3 组数据集 A、B、C,分别是在负载为 1HP、2HP 和 3HP 下的数据集。每组数据集均包含以下故障数据划分,如表 5.1 所示。每个数据集分为 80% 的训练样本与 20% 的测试样本。

表 5.1 实验对象的每组数据集分类

损伤	无	滚 动 体			内 圈			外 圈		
标签	1	2	3	4	5	6	7	8	9	10
损伤直径(in)	0	0.007	0.014	0.021	0.007	0.014	0.021	0.007	0.014	0.021

输入端节点数为 800,输出端为 10。学习因子设置为 0.01,使用 Dropout 抑制过拟合,Dropout 率为 0.5,每个 RBM 的预训练次数为 2。使用 NAG 动量优化方法加速训练过程,动量因子设置为 0.9。对于数据集 A、B 和 C,训练次数上限 20000 次。由于神经网络的初值是随机的,为了验证每次训练结果的可靠性,对于每个数据集,均训练 10 次。

5.3.2 基于深度信念网络的轴承故障诊断模型构建实验

本实验是基于 Python 语言,采用以 TensorFlow 为底层代码实现,计算机硬件基本配置为 i7-8750H 处理器,8GB 内存,Windows 系统。

1. 不同网络深度下模型对比实验

我们按 DNN 网络隐藏层的个数,分别选择 2 层、3 层、4 层和 5 层的网络模型进行实验。实验数据使用数据集 A、B、C,训练集 1575 组,测试集 390 组,不同深度 DBN 的实验结果如表 5.2~表 5.4 所示。

表 5.2 数据集 A 下不同深度的 DBN 的实验结果

深度	2 层	3 层	4 层	5 层
正确率	84.65%	99.91%	98.46%	95.89%

表 5.3　数据集 B 下不同深度的 DBN 的实验结果

深度	2 层	3 层	4 层	5 层
正确率	79.90%	100%	99.85%	93.76%

表 5.4　数据集 C 下不同深度的 DBN 的实验结果

深度	2 层	3 层	4 层	5 层
正确率	74.42%	100%	99.04%	95.64%

从表 5.2 中可以看出,在网络层数较少为 2 层时,模型的分类性能较差且在不同的数据集上效果差异较大,如数据集 A 下的分类正确率比数据集 C 下的分类正确率多了大约 10%;网络层数增加后,训练的时间逐渐增加,网络的性能有所提升,但层数增加到一定数量,性能反而有所下降。这主要是由于隐藏层的增加造成误差在反向传播的过程中累加过大导致。通过实验得到层数为 3 时 DBN 的分类性能最佳,此时的准确率在 3 个数据集 A、B、C 分别达到了 99.91%、100% 和 100%。

2. 不同小批量下模型对比实验

模型训练过程中,当 mini-batch 中包含的样本数目越少,其均值的波动范围也就越大,也就越满足给训练模型的均值方差带来干扰的要求。此外,为了使均值方差不出现与整体训练样本过大的偏离,应该保证 mini-batch 的值要大于需要分类的数量,否则 mini-batch 在训练时的均值方差将始终偏离整体的均值方差,不利于模型的训练。经过测试分析得知较大的 mini-batch 不适合用来训练模型,学习效率慢,且会出现欠拟合;而较小的 mini-batch 可以提高学习速度,但容易出现过拟合。

结合大小不同的 mini-batch,在数据集 A 上进行模型实验,实验结果如图 5.3 所示。

对应不同的 mini-batch,最终分类准确率依次分别为,0.996153846、0.997720798、0.997008547、0.998974359、0.913461538、0.906153846。从图 5.3 中可以看出,在 mini-batch 的值大于 100 时,出现了欠拟合,且波动较大。在 mini-batch 的值小于 100 时,整体分类准确率较好,多次可以达到 100% 的分类准确率,但 mini-batch 的值过小,同样会出现轻微的过拟合并伴随一定的波动。在 mini-batch 的值为 100 时,可以获得稳定的高分类准确率。

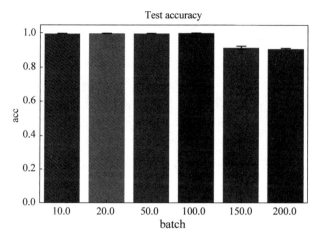

图 5.3　不同大小的 mini-batch 的平均分类准确率

对比不同 mini-batch 下最接近均值的训练过程如图 5.4 所示，在 15000 次内均达到了收敛点。随着 mini-batch 的增大训练速度下降、训练前期波动较大，在 mini-batch 大于 100 时最终分类准确率很低。

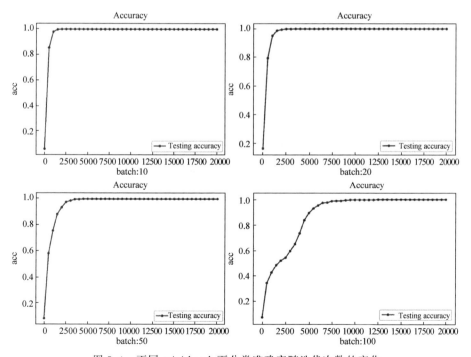

图 5.4　不同 mini-batch 下分类准确率随迭代次数的变化

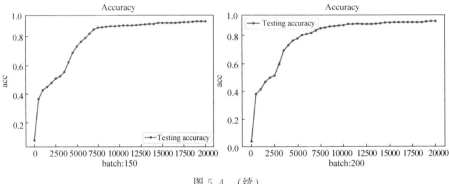

图 5.4 （续）

从图 5.5 我们可以看出，不同的 mini-batch 下，模型平均迭代 10000 次所用时间随着 mini-batch 的增大而减小，这意味着在保证分类准确率的前提下，增大mini-batch 可以提高训练速度。所以我们选择使用的 mini-batch 的值为 100。

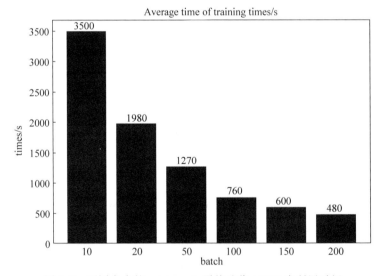

图 5.5　不同大小的 mini-batch 平均迭代 10000 次所用时间

3. 不同数据规模大小下模型对比实验

为了测试在不同大小训练集下的结果，我们对原始数据集进行重叠采样的数据增强。在实验中针对数据集 A 分别使用样本总量为 521,784，1575,3156,6318 和 12644 的训练样本训练 DBN 模型，观察数据集增强技术对 DBN 诊断能力的影响。由于神经网络的权值初值是随机生成的，为了验证 DBN 的稳定性,每个试验重复进行 20 次,试验结果如表 5.5 所示。

表 5.5   不同大小训练集下的分类准确率

样本集大小	分类准确率	样本集大小	分类准确率
521	95.00%	3156	99.87%
784	93.33%	6318	99.51%
1575	99.90%	12644	99.50%

由表 5.5 可以看出该模型在使用较少训练数据的情况下,也能达到很高的识别率。当使用样本总量大于或等于原始数据集大小 1575 时,分类准确率均大于 99.50%,表明诊断模型已具有较高的稳定性,说明该模型具有较强的学习能力。

5.4   一种基于 MCELF 的 DBN 轴承故障诊断加速方法

针对深度信念网络故障诊断模型训练时间过长,效率低下等问题,我们提出一种基于多级复合指数损失函数(Multi-Composite Exponential Loss Function,MCELF)的深度信念网络轴承故障诊断加速方法,该方法通过 MCELF 来放大代价函数,进而放大梯度达到故障诊断模型训练加速目的。

5.4.1   基于 MCELF 的故障诊断加速方法

由于 DBN 模型通常采用基于梯度的方法来进行模型的训练,因此可以通过改变损失函数来加快 DBN 模型的学习效率。我们通过定义多级复合指数的方法来放大损失函数,进而放大梯度,多级复合指数损失函数(MCELF)公式如下:

$$L' = k \overbrace{\exp(\exp(\cdots\exp(L)))}^{n} \tag{5.17}$$

式中,k 为放大倍数,n 为指数复合级数。

引入 MCELF 后,其对应代价函数梯度计算如下:

$$\frac{\partial J'(\theta)}{\partial \theta} = \frac{k}{n} \sum_{i=1}^{n} \frac{\partial L'}{\partial L} \frac{\partial L}{\partial f} \frac{\partial f}{\partial \theta}$$

$$= \frac{k}{n} \sum_{i=1}^{n} \overbrace{\exp(\exp(\cdots\exp(L)))}^{n} \cdots \exp(\exp(L))\exp(L) \frac{\partial L}{\partial f} \frac{\partial f}{\partial \theta} \tag{5.18}$$

我们通过这种方式将原有梯度放大了 $k\ \overbrace{\exp(\exp(\cdots\exp(L)))\cdots\exp(L)}^{n}$ 倍，且保持原有损失函数基本性质，其在损失函数由大到小的训练过程中仍具有"误差大的时候，梯度大；误差小的时候，梯度小"的良好性质。

5.4.2　基于 MCELF 的加速 DBN 故障诊断的模型构建算法

基于 MCELF 的 DBN 故障诊断的模型构建算法如下所示。

算法 5.2　基于 MCELF 的 DBN 故障诊断的模型构建算法

输入：数据集 X，标签集 Y

　　　隐藏层 h，层数 N，每一层的单元个数 D_1，D_2，$\cdots$，D_N，迭代次数 Q_1，Q_2

　　　参数空间 $W = \{w_1, w_2, \cdots, w_N\}$，偏置 a、b，优化器动量因子 ϑ，学习率 α

　　　标注数据的个数 L，未标注数据的个数 U

输出：包含训练后参数空间的 DBN 网络模型

方法：

1. 使用贪婪无监督方法逐层构建网络

for k=1;k<N do

for i=1;i<Q_1 do

　　for j=1;j<U do

　　　　计算非线性正向和反向状态

$$P(h_j \mid v) = \sigma\left(a_j + \sum_{i=1}^{n} w_{ij} v_i\right)$$

$$P(v_i \mid h) = \sigma\left(b_i + \sum_{j=1}^{m} w_{ij} h_j\right)$$

　　　　CD 算法更新权重和偏置

$$w_{ij}^{epoch+1} = w_{ij}^{epoch} + \alpha CD$$

$$a_i^{epoch+1} = a_i^{epoch} + \alpha \frac{1}{m} \sum_{i=1}^{m} (h_i^{epoch-1} - h_i^{epoch})$$

$$b_i^{epoch+1} = b_i^{epoch} + \alpha \frac{1}{n} \sum_{i=1}^{n} (v_i^{epoch-1} - v_i^{epoch})$$

2. 基于反向传播的监督学习

计算代价函数并反向微调网络参数以寻找模型最优解

for i=1;i<Q_2 do

损失函数：$L' = k \sum_{n}^{k} \overbrace{\exp(\exp(\cdots\exp(L)))}^{n}$

目标函数：$\min J'(\theta) = \dfrac{1}{n} \sum\limits_{i=1}^{n} L'(y_i, f(x_i; \theta))$

使用优化器更新权重

5.4.3 基于 MCELF 的加速 DBN 故障诊断的模型实验

继续使用 5.3 节中的 CWRU 数据集，以及其 DBN 故障诊断模型，输入端节点数为 800，两层隐藏层节点数为 500、500，输出端为 10。小批量 mini-batch 的大小设置为 50，学习因子设置为 0.01，每个 RBM 的预训练次数为 2。使用 NAG 动量优化方法加速训练过程，动量因子设置为 0.9。由于神经网络的初值是随机的，为了验证每次训练结果的可靠性，对于每个数据集，多次测试，取其最接近平均值的单次训练作对比。

我们使用 MSE 和 Cross-Entropy 两种损失函数在 DBN 模型上做实验，首先在 NAG 优化器下分别对 MCELF 的参数 n 和 k 进行实验验证其加速效果，然后再验证其在不同的优化器下的加速效果。

1. 不同级 MCELF 下模型加速对比实验

首先使用 $n=1$，即 1 级复合指数损失函数在两种损失函数即 1-MSE 和 1-Cross-Entropy 做实验。为了更好地观察加速效果，我们在图中以实际的第 50 次迭代结果开始展示，对比加速前后实验结果，如图 5.6 和图 5.7 所示：

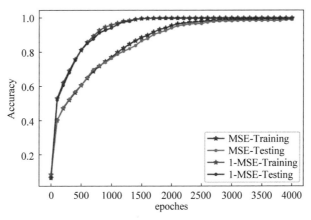

图 5.6 对比 1 级 MSE 损失函数加速前后效果

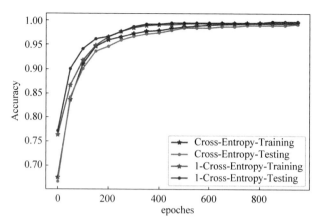

图 5.7　对比 1 级 Cross-Entropy 损失函数加速前后效果

使用 1-MSE 的训练集在大约 2000 次迭代时达到最终分类准确率为 0.9994、测试集最终分类准确率为 0.9974，使用 1-Cross-Entropy 的训练集大约在 900 次迭代时达到最终分类准确率为 0.9958、测试集最终分类准确率为 0.9974。结合实验结果和训练过程图可以看出，使用改进后的损失函数不仅可以加快模型的训练速度，更快达到稳定点，而且还略微提高了分类准确率。并且加速后的模型在整个训练过程中训练集和测试集的差值很小，说明该方法也具有良好的泛化能力。

接着使用 $n=2$，即 2 级复合指数损失函数在两种损失函数即 2-MSE 和 2-Cross-Entropy 做实验。为了更好地观察加速效果，我们在图中以实际的第 50 次迭代结果开始展示，对比不同级别加速前后实验结果，如图 5.8 和图 5.9 所示：

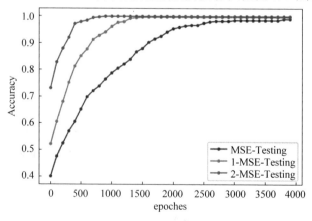

图 5.8　不同级别 MSE 损失函数下加速对比图

由图 5.8 可知,在 2-MSE 具有不错的表现,其训练速度和分类准确率(为 100%,且十分稳定)甚至超过了 1-Cross-Entropy。而图 5.9 中使用 2-Cross-Entropy 出现了梯度爆炸的现象,并且多次重复实验结果均出现了该现象,说明此实验中 Cross-Entropy 的指数加速上限为 1-Cross-Entropy。在使用 3-MSE 做实验时同样出现了梯度爆炸的现象,所以此类问题中 MSE 的指数加速上限为 2-MSE。

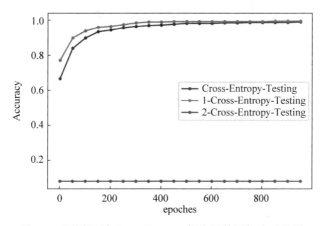

图 5.9   不同级别 Cross-Entropy 损失函数下加速对比图

2. 不同 k 倍 MCELF 下模型加速对比实验

由于过大的 k 值会使模型训练出现陷入局部极小值和梯度爆炸的情况,需要找到合适的 k 值来取得更高的分类准确率和稳定性。这里分别使用值为 10、20、30、40、50 的 k 值,来放大 2-MSE 并观察其分类效果。实验结果如图 5.10 所示。

从图 5.10 可以看出,2-MSE 的 k 值小于或等于 20 时,分类效果很好且具有极高的稳定性。而 k 值大于或等于 20 时,分类效果出现了偏差和波动,k 值越大,其效果越差。说明本实验中在 2-MSE 最优的 k 值在 20 到 30 之间。

我们分别使用值为 1、2、3、4、5 的 k 值,来放大 1-Cross-Entropy 并观察其分类效果。实验结果如图 5.11 所示。

从图 5.11 可以看出,1-Cross-Entropy 的 k 值等于 1 时,分类效果很好且具有极高的稳定性。而 k 值大于 1 时,分类效果出现了偏差和波动,k 值越大,其效果越差。说明本实验中在 1-Cross-Entropy 最优的 k 值在 1 到 2 之间。

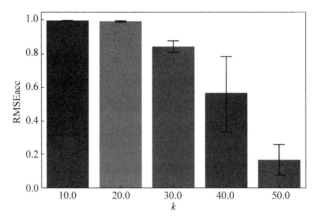

图 5.10　使用不同 k 值 2-MSE 的 10 次训练平均分类准确率及其波动

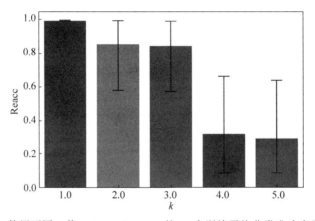

图 5.11　使用不同 k 值 1-Cross-Entropy 的 10 次训练平均分类准确率及其波动

3. MCELF 在不同优化器下模型加速对比实验

由于不同优化器对模型的训练有不同的加速方式，为验证其与 MCELF 的关系，我们结合 MSE 和 Cross-Entropy 两种损失函数，在不同级别 MCELF 下，观察 Adam 和 RMSProp 两种不同优化器的故障诊断模型加速效果。

由图 5.12 至图 5.15 可以看出，该加速方法结合不同的优化器具有不同的效果。对 NAG 优化器的加速效果最为明显；由于 Adam 优化器本身就具有较快的训练速度，该方法在提高稳定性和最终分类准确率上具有不错的效果；而对于 RMSProp 优化器，不同的复合指数 MSE 都取得了相似的

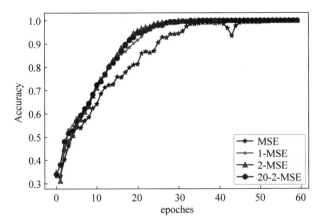

图 5.12　使用 MSE、1-MSE、2-MSE 和 20-2-MSE 损失函数
在 Adam 优化器下的对比图

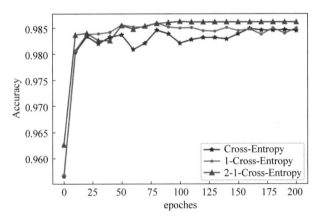

图 5.13　使用 Cross-Entropy、1-Cross-Entropy 和 2-1-Cross-Entropy 损失
函数在 Adam 优化器下的对比图

效果,而不同复合指数 Cross-Entropy 并没有性能上的提升,其最终结果略
差于其他的优化器。总体而言,该加速方法在不同的优化器下都有一定的
加速优化效果,且最终都可以在几乎相同的迭代次数到达最优点,表明了其
最终的加速上限都是十分接近的,可能存在统一的加速上限,可以在具体应
用中通过寻找适当的 k 和 n 值获得最优的分类效果。

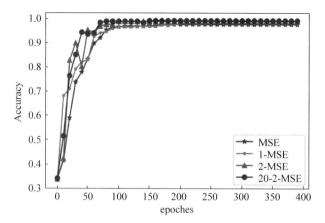

图 5.14　使用 MSE、1-MSE、2-MSE 和 20-2-MSE 损失函数
　　　　　在 RMSProp 优化器下的对比图

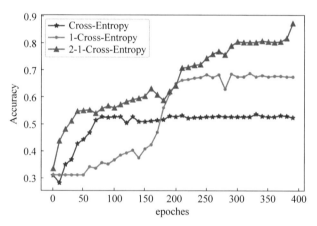

图 5.15　使用 Cross-Entropy、1-Cross-Entropy 和 2-1-Cross-Entropy 损失函数
　　　　　在 RMSProp 优化器下的对比图

基于循环神经网络的轴承故障诊断方法

作为第三类深度学习方法——循环神经网络,是一种在序列数据的演进方向进行递归且所有节点(循环单元)按链式连接的递归神经网络。本章主要提出一种基于循环神经网络的轴承故障诊断方法,具体内容包括基于循环神经网络的轴承故障诊断网络结构与故障诊断建模机理、长短期记忆网络 LSTM 工作原理、门限循环单元 GRU 网络工作原理;基于循环神经网络的轴承故障诊断模型构建流程与构建算法;结合美国凯斯西储大学(CWRU)提供的轴承数据集,完成基于循环神经网络的轴承故障诊断模型构建实验与模型验证实验。

6.1 基于循环神经网络故障诊断工作原理

6.1.1 基于循环神经网络的轴承故障诊断网络结构

我们将循环神经网络应用于轴承故障诊断,提出如图 6.1 所示的基于循环神经网络的轴承故障诊断网络结构,包括轴承振动信号输入层,循环神经网络隐藏层和 Softmax 故障诊断结果输出层。

6.1.2 基于循环神经网络的轴承故障诊断建模机理

循环神经网络隐藏层中的神经元之间是有信息传递的,并且神经元之间是共享权重参数的,这样可减少模型训练时要学习的参数。

循环神经网络中,当前时刻的输出与前一个时刻甚至是前几个时刻的

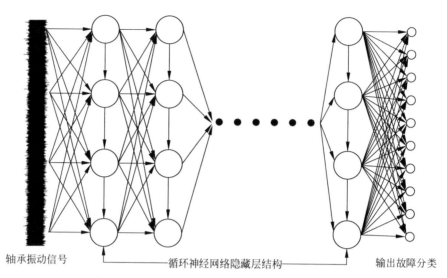

轴承振动信号　　　　　——循环神经网络隐藏层结构——　　　　输出故障分类

图 6.1　基于循环神经网络轴承故障诊断网络结构

输出都有关联,这体现出了 RNN 的记忆功能,循环神经网络是基于过往的经验和记忆的网络模型。循环神经网络的计算方法如下所示。

$$S_t = f(\boldsymbol{U}\chi_t + \boldsymbol{W}S_{t-1} + b_s) \tag{6.1}$$

$$O_t = g(\boldsymbol{V}S_t + b_o) \tag{6.2}$$

式中,t 代表的是时刻,S_t 代表的是隐藏层的计算公式,O_t 代表的是输出层的计算公式;f 和 g 代表的是激活函数;$\boldsymbol{U}$、$\boldsymbol{V}$ 以及 $\boldsymbol{W}$ 代表的是权重矩阵;b_s 和 b_o 代表的是偏置。

　　循环神经网络利用反向传播进行参数更新,采用的是基于时间的反向传播算法(BackPropagation Through Time,BPTT),BPTT 算法的反向传播模型如图 6.2 所示。

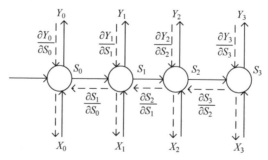

图 6.2　BPTT 反向传播模型

图 6.2 中的实线部分为正向传播,虚线部分对应的是反向传播。与传统的神经网络所用的反向传播算法不同的是 BPTT 算法多了从右向左的传播计算,其求解权重梯度的链式求导法则如下:

$$\frac{\partial Y_N}{\partial W} = \sum_{k=0}^{N} \frac{\partial Y_N}{\partial \hat{y}_N} \frac{\partial \hat{y}_N}{\partial S_N} \Big(\prod_{j=k+1}^{N} \frac{\partial S_j}{\partial S_{j-1}} \Big) \frac{\partial S_k}{\partial W} \tag{6.3}$$

式中,$\hat{y}_N$ 表示经过激活函数之前的神经元的输出,Y_N 表示经过激活函数之后的神经元的输出。

BPTT 算法可以定义如下:

(1)首先随机初始化网络的权重,通过神经网络的前向传播计算得到输出结果和损失函数。

(2)然后应用反向传播计算出每个参数的梯度,得出每个权重对损失函数的影响,这里的反向传播不同于传统的神经网络所使用的反向传播算法,它包含两个方向,一个方向是将梯度在网络的每层之间进行传递,这和传统神经网络所用的反向传播算法一样,另一个方向是时间上的,它是在同一层网络的每个神经元之间进行的。对于前向传播这个过程中最重要的信息传递,或者说最重要的递归运算就是从左到右的运算,在这个过程中时刻 t 不断增加,而对于反向传播,要从右到左进行计算,类似于时间倒流,这也是这个算法称为 BPTT 的原因。

(3)最后通过重复以上这些步骤来更新权重,直到网络的性能令人满意为止。

循环神经网络在分析顺序信息方面的功能非常强大,但是 RNN 也存在着一些缺点,它虽然能够有效地处理时间序列的数据,但是依然存在着以下两个问题需要解决:首先,RNN 在模型训练的反向传播过程中可能会面临梯度消失以及梯度爆炸的问题,这会影响模型的最终诊断效果;其次,RNN模型在训练过程中需要预先设定延迟窗口的长度,但是这一参数的最优值难以获取。之后人们提出了长短期记忆网络 LSTM 和门限循环单元 GRU网络。

6.1.3　长短期记忆网络 LSTM 工作原理

传统的循环神经网络随着网络层数的增加,深层神经元很难感知到浅层神经元的输出信息,同时深层网络计算出的梯度也很难传播到浅层网络,为了解决这个问题,提出了长短期记忆网络。长短期记忆网络通过在神经元中添加三个门控机制使得信息能够在网络中长时间的传输而不会出现丢失的现象。LSTM 细胞结构如图 6.3 所示。

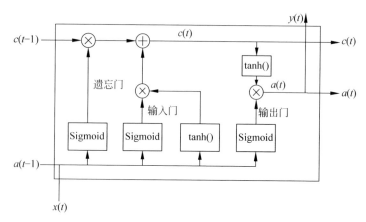

图 6.3　LSTM 细胞结构

LSTM 前向计算方法如下所示。

$$\hat{c}(t) = \tanh(\boldsymbol{W}_{c}[a(t-1), x(t)] + b_{c}) \tag{6.4}$$

$$\Gamma_{i} = \sigma(\boldsymbol{W}_{i}[a(t-1), x(t)] + b_{i}) \tag{6.5}$$

$$\Gamma_{f} = \sigma(\boldsymbol{W}_{f}[a(t-1), x(t)] + b_{f}) \tag{6.6}$$

$$\Gamma_{o} = \sigma(\boldsymbol{W}_{o}[a(t-1), x(t)] + b_{o}) \tag{6.7}$$

$$c(t) = \Gamma_{i}\hat{c}(t) + \Gamma_{f}c(t-1) \tag{6.8}$$

$$a(t) = \Gamma_{o}\tanh c(t) \tag{6.9}$$

式(6.4)~式(6.9)中，Γ_{i}，Γ_{f} 和 Γ_{o} 分别表示输入门、遗忘门和输出门；$\hat{c}(t)$，$c(t)$ 和 $c(t-1)$ 分别表示记忆细胞候选值、记忆细胞的更新值和记忆细胞上一个状态的值；$\tanh()$ 为双曲正切函数；σ 为 Sigmoid 函数；$a(t)$ 为激活值；$\boldsymbol{W}_{c}$，$\boldsymbol{W}_{i}$，$\boldsymbol{W}_{f}$，$\boldsymbol{W}_{o}$，b_{c}，b_{i}，b_{f} 和 b_{o} 分别表示候选值、输入门、遗忘门和输出门所对应的权重系数矩阵和偏置值。

LSTM 网络的三种状态门的含义如下：

（1）输入门：输入门用来更新细胞单元的状态。先将之前隐藏层神经元的输出数据和同一时刻的输入数据输入到 Sigmoid 函数，在 0 或 1 调整输出值来决定更新哪些信息，0 表示对当前的信息不进行更新，1 表示对当前的信息要进行更新。

（2）遗忘门：遗忘门决定哪些信息被遗弃，哪些信息被保留。将之前神经元的输出数据和同一时刻的输入数据输入到 Sigmoid 函数,输出值为 0 或 1,值为 0 表示该信息需要被遗忘,值为 1 表示该信息需要被保留。

（3）输出门：输出门能用来决定当前神经元状态信息哪些是需要输出的,也就是下一个神经元隐藏状态信息的输入值。首先把之前神经元的输出和同一时刻的输入传递给 Sigmoid 函数,输出的值为 0 或 1,0 表示不输出,1 表示输出；接着将记忆细胞的更新值输入到 tanh() 中,把 Sigmoid 函数的输出和 tanh() 函数的输出相乘就得出了最终该神经元的输出,最后把新的单元状态信息传递给下一个神经元。

6.1.4　门限循环单元 GRU 网络工作原理

门限循环单元 GRU 网络是 LSTM 网络的一种变体,GRU 的提出主要是针对解决梯度消失问题的,也是目前学者们广泛使用的一种深度学习网络。

一个 GRU 单元只包括两个门：更新门和重置门。因此,GRU 与 LSTM 相比是更加简单的模型,GRU 更加容易创建一个更大的网络,模型在计算速度上也运行得更快。GRU 模型结构示意图如图 6.4 所示。

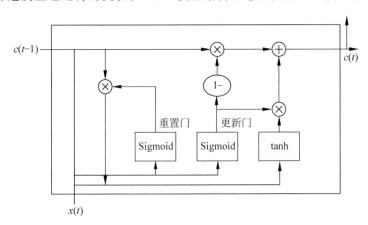

图 6.4　GRU 模型结构

从图 6.4 中可以看出,门限循环单元与长短期记忆网络结构有些类似,GRU 相关公式如下所示。

$$\Gamma_u = \sigma(\boldsymbol{W}_u [c(t-1), x(t)] + b_u) \tag{6.10}$$

$$\Gamma_r = \sigma(\boldsymbol{W}_r [c(t-1), x(t)] + b_r) \tag{6.11}$$

$$\hat{c}(t) = \tanh(\boldsymbol{W}_c [\Gamma_r c(t-1), x(t)] + b_c) \tag{6.12}$$

$$c(t) = \Gamma_u \hat{c}(t) + (1 - \Gamma_u)c(t-1) \tag{6.13}$$

式(6.10)到式(6.13)中，Γ_u 和 Γ_r 分别代表更新门和重置门；$\hat{c}(t)$、$c(t)$ 和 $c(t-1)$ 分别表示候选记忆单元、GRU 隐藏层输出和记忆细胞上一个状态的值；σ 为 Sigmoid 函数；tanh() 为双曲正切函数；W_u、W_r、W_c、b_u、b_r 和 b_c 分别表示更新门、重置门和候选值所对应的权重系数矩阵和偏置值。

GRU 网络的两种状态门的含义如下：

(1) 更新门：GRU 中用更新门替代了 LSTM 中的输入门和遗忘门。更新门决定了是否用记忆细胞的候选值代替当前记忆细胞的值，这是一个 0 或 1 的值，1 表示更新记忆细胞的值，0 表示不更新记忆细胞的值，它的优点是可以通过门决定这个时刻是要更新某个记忆细胞的值，还是不更新直到真正需要使用记忆细胞的时候才进行更新。

(2) 重置门：重置门表示为前一状态有多少信息被写入到当前的候选记忆单元中，也可以理解为当前候选记忆细胞的值与前一个状态的记忆细胞有多大的相关性，重置门越大，前一状态的信息被写入的就越多。

对于更新门，激活函数采用的是 Sigmoid，当 Sigmoid 里面的参数值取一个非常大的负数时，更新门很容易取到非常接近于 0 的值，此时在式(6.13)中，当前记忆细胞的值就等于记忆细胞上一个状态的值，即使经过很多的时间步，记忆细胞的值也很好地被维持了，这就是缓解梯度消失问题的关键，因此允许神经网络运行在非常长的时间依赖上。

6.2　基于循环神经网络的轴承故障诊断模型构建

6.2.1　基于循环神经网络的轴承故障诊断模型构建流程

我们将长短期记忆网络和门控循环单元相结合，提出了一种新的基于循环神经网络的轴承故障诊断模型，同时对隐藏层结构进行调整以及对网络参数进行优化，从而确立较优的 LGL(LSTM-GRU-LSTM)诊断模型并利用 Softmax 对轴承故障进行分类。

基于循环神经网络的轴承故障诊断模型构建流程如图 6.5 所示。

(1) 首先根据轴承数据划分训练集、验证集和测试集；

(2) 构建初始模型并且初始化参数，设置网络的激活函数以及 Dropout 概率；

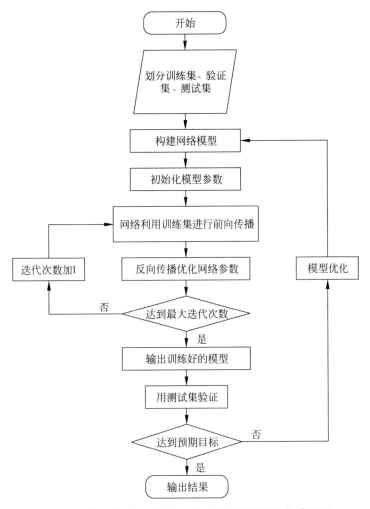

图 6.5 基于循环神经网络的轴承故障诊断模型构建流程

（3）设置好基本参数之后利用训练集对网络进行前向传播，再利用 BPTT 算法反向传播对网络参数进行优化，当网络达到最大迭代次数之后停止训练；

（4）用测试集对训练好的网络模型进行验证，根据测试结果判断是否满足实际期望；

（5）如果达到预期的效果则停止，输出最终的模型结构，如果诊断结果的准确率过低则再次返回对网络模型进行优化，重新构建网络模型；

（6）重复以上步骤，直到训练出的模型能达到预期的精度则终止训练，输出最终结果。

6.2.2 一种基于 LGL 轴承故障诊断模型构建算法

我们结合基于循环神经网络的轴承故障诊断模型的建模过程，提出一种基于 LGL 轴承故障诊断模型构建算法，如算法 6.1 所示。算法的目标主要是针对轴承振动信号数据，寻找最佳的轴承故障诊断模型以及作用在模型中的较优的网络参数。

算法 6.1　基于 LGS 轴承故障诊断模型构建算法

输入：轴承振动信号数据，迭代次数为 Q。

输出：基于 LGL 轴承故障诊断模型及分类结果。

方法：

　　建立初始故障诊断模型并初始化网络参数

　　While 网络隐藏层结构和模型参数不确定 do

　　　　固定模型参数，更改网络模型的结构，直到找到所需的网络模型。

　　设计训练样本的输入维度：

　　对于所选的输入维度，训练得出相对应的准确率。

　　if（训练时间超长）then

　　　重新选择输入维度。

　　for q＝1；q＜＝Q do

　　for 小批量数据 do

　　计算交叉熵损失函数：$Loss = -\dfrac{1}{M}\sum\limits_{m}\sum\limits_{i} P_{mi}\log y_{mi}$

　　　　if 准确率未达到预期的效果 then

　　　结合损失函数值和准确率，采用 BPTT 算法更新模型参数；

　　else

　　　运行 LGL 模型得到最终的分类结果。

return 分类结果

6.3　基于循环神经网络的轴承故障诊断模型实验

6.3.1　基于 LGL 轴承故障诊断数据源

为了验证本书所提出的 LGL 模型的可行性与有效性，采用美国凯斯西储大学(CWRU)提供的轴承数据集。

本实验所用的数据为 CWRU 数据集中型号为 SKF6205 驱动端轴承故障数据,要诊断的三个轴承部件分别是内圈、外圈和滚动体,三个部件预设故障尺寸的大小分别为 0.007inch、0.014inch 和 0.021inch,整个系统采集的振动信号频率为 12kHz,分别在 0HP、1HP、2HP 和 3HP 这 4 个不同负载下进行实验。模型构建和验证是基于 Python 语言,采用以 TensorFlow 为后端的 Keras 库实现。

6.3.2 基于 LGL 轴承故障诊断模型构建实验

1. 不同网络深度下模型对比实验

在不同的隐藏层结构下进行对比实验,每个模型训练 15 次。实验结果如图 6.6 所示。

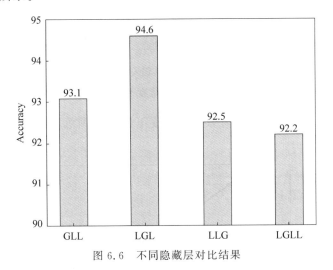

图 6.6 不同隐藏层对比结果

从图 6.6 的对比结果可以看出,GRU 层所在隐藏层的位置不同对实验的准确率有一定的影响。对比 GLL、LGL 和 LLG 可知,GRU 层处在两个 LSTM 层的中间所得出的结果较优,对比 LGL 和 LGLL 可得出并不是隐藏层的层数越多对于本实验的结果越好,而且本实验数据集的数据量并不是很多,过多的隐藏层层数也会导致过拟合,且层数越多所需要的训练时间就越长,所以,我们选用 LGL 模型。

2. 不同训练样本大小对比实验

通过对比实验确定模型的训练样本输入维度,同样模型的训练次数也为 15 次。首先对比在不同输入训练样本维度下的模型诊断的准确率,结果如图 6.7 所示。

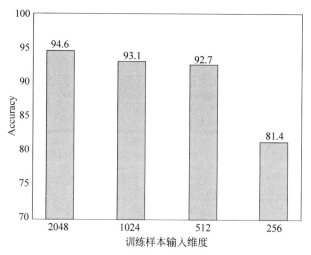

图 6.7　不同训练样本输入维度下的准确率对比结果

其次对比在不同输入训练样本维度下的模型训练时间,结果如图 6.8 所示。

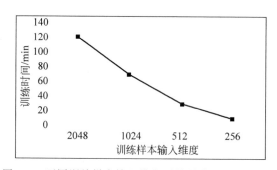

图 6.8　不同训练样本输入维度下的训练时间对比结果

由以上两组对比实验可以看出,训练样本输入维度的选取对整个模型训练效果的影响也非常重要,通过实验对比,训练样本输入维度定为 512,模型的分类效果较好。

3. LGL 模型结构及模型参数

我们针对轴承故障数据具有时序性的特点,搭建包含输入层、隐藏层以及 Softmax 层的轴承故障诊断模型,将循环神经网络进行堆叠来完成振动信号特征的自适应提取,并用 LSTM 单元和 GRU 单元代替传统循环神经网络中的神经元,构建的基于 LGL 的堆叠式循环神经网络轴承故障诊断模型如图 6.9 所示,在充分发挥循环神经网络处理时序数据优势的前提下,解决了传统循环神经网络中所存在的梯度消失、梯度爆炸以及长期记忆力不足等问题。

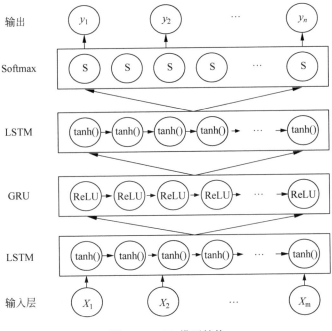

图 6.9　LGL 模型结构

LGL 模型中最核心的部分是中间的隐藏层,如图 6.9 中设置了 3 层的隐藏层,第一层是 LSTM 单元,激活函数为 tanh(),第二层是 GRU 单元,激活函数为 ReLU,Dropout 为 0.1,第三层是 LSTM 单元,激活函数为 tanh()。输入层负责对原始故障数据进行处理以满足网络的输入要求,之后输入隐藏层,经过隐藏层训练得到的特征信号通过一个全连接网络输入到 Softmax 层,然后通过 Softmax 层的处理后输出最终处理的结果,得到网络训练输出的故障类型。

LGL 模型的一些基本参数的参数值如表 6.1 所示。

表 6.1　LGL 模型基本参数

基　本　参　数	参　数　值
批处理量	128
各层输出维度	(64,32,64)
轴承故障种类	10
Dropout	0.1
训练样本输入维度	512
训练集、验证集与测试集划分比例	(0.7,0.2,0.1)

6.3.3　基于 LGL 轴承故障诊断模型验证实验

1. 不同网络模型对比实验

为了验证所提出的模型具有更高的有效性，选择和 LSTM 模型以及 GRU 模型进行对比实验。本次实验是将相同数据在不同模型以及不同 epoch 下得出的对比结果，实验结果如图 6.10 所示。

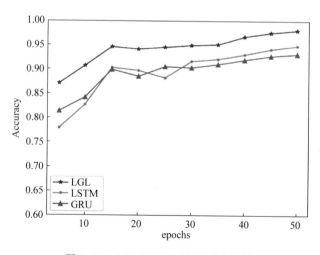

图 6.10　LGL-LSTM-GRU 对比结果

从图 6.10 中可以看出,本文所提出的 LGL 模型在轴承故障诊断方面的准确率要比 LSTM 模型和 GRU 模型高,不难看出,LSTM 和 GRU 在轴承故障诊断方面的准确率相差不是太大,但是,有效地将两者进行合理的结合之后所得出的模型在轴承故障诊断方面有较好的提升,以此验证了我们所提出的模型的有效性。

2. 不同负载下模型对比实验

将 LGL 模型分别在 0HP、1HP、2HP 和 3HP 负载下分别进行实验,实验数据参数除了负载不同以外其他都和表 6.1 保持一致,同样在不同负载下都训练 50 次,得出的实验结果如图 6.11 所示。

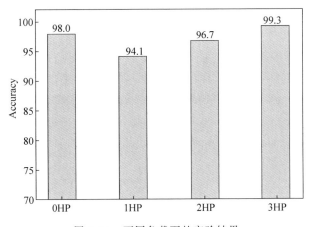

图 6.11　不同负载下的实验结果

从图 6.11 中可以看出,LGL 模型在不同的数据集中也有较高的准确率,表明本文所提出的 LGL 模型可以应对负载发生变化的情况。进一步表明了本文所提出模型的有效性。

3. 不同数据样本大小下模型对比实验

我们选取在不同数据样本大小下进行 LGL 模型实验,选择 0HP 负载下的轴承故障数据,在不同的训练样本个数下都训练 15 次,得出的实验结果如图 6.12 所示。

从图 6.12 中可以看出,随着训练样本数量的增加,LGL 模型诊断的准确率在逐步上升,损失率也呈下降趋势,由此也可以得出训练样本的数量也是影响模型准确率的一大因素。

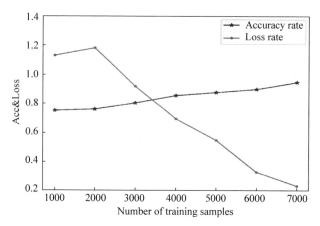

图 6.12　不同训练样本个数对比结果

基于集成学习的轴承故障智能诊断方法

集成学习是通过构建并结合多个学习器来完成学习任务,通常可获得比单一学习器更好的学习效果和泛化性能。本章提出一种基于集成学习的轴承故障智能诊断方法,具体包括基于集成学习的轴承故障诊断工作原理与故障诊断网络结构;基于集成学习的轴承故障诊断模型构建方法与构建流程;结合美国凯斯西储大学(CWRU)提供的轴承数据集,完成基于集成学习的轴承故障诊断模型实验。

7.1 基于集成学习的故障诊断工作原理

7.1.1 集成学习方法及 Stacking 算法

在基于深度学习的轴承故障诊断方法中,我们的目标是训练出一个稳定的且在各个方面表现都较好的模型,但实际情况往往不这么理想,有时我们只能得到多个有偏好的模型(弱学习器,仅在某些方面表现得比较好)。集成学习就是组合这里的多个弱学习器以期得到一个更好更全面的模型。

集成学习是通过构建并结合多个学习器来完成学习任务,通常可获得比单一学习器更好的学习效果和泛化性能。常见的集成学习方法可分为两类,一类是个体学习器之间存在强依赖关系,必须串行生成序列化方法,例如 Boosting 方法,其中最具代表性的算法为 AdaBoost;另一类是个体学习器之间不存在强依赖关系,可以生成并行化方法,例如 Bagging 和随机森林方法等。

　　从个体学习器结合策略的角度,又可分为平均法,投票法和学习法。学习法的结合策略是通过另一个学习器来结合,Stacking 是"学习法"的典型代表。我们把个体学习器称为初级学习器,用于结合的学习器称为次级学习器或元学习器。Stacking 首先从初始数据中训练出初级学习器,然后"生成"一个新的数据集用于训练次级学习器。在这个新数据集中,初级学习器的输出被当作样例输入特征,而初始样本的标记被当作样例标记。Stacking 的算法描述如下所示。

算法 7.1　Stacking 算法

输入:训练集 $D = \{(x_1, y_1), (x_2, y_2), \cdots, (x_m, y_m)\}$;

　　　初级学习算法 $\zeta_1, \zeta_2, \cdots, \zeta_T$

　　　次级学习算法 ζ

输出:$H(x) = h'(h_1(x), h_2(x), \cdots, h_T(x))$

过程:

　　　for $t = 1, 2, \cdots, T$ do

　　　　$h_t = \zeta_T(D)$;

　　　end for

　　　$D' = \varnothing$;

　　　for $i = 1, 2, \cdots, m$ do

　　　for $t = 1, 2, \cdots, T$ do

　　　　$z_{it} = h_t(x_i)$;

　　　end for

　　　$D' = D' \cup ((z_{i1}, z_{i2}, \cdots, z_{iT}), y_i)$;

　　　end for

　　　$h' = \zeta(D')$;

7.1.2　基于集成学习的故障诊断网络结构

　　采用 Stacking 个体学习器结合策略,提出如图 7.1 所示为基于 Stacking 集成学习的故障诊断网络结构。

　　数据信号可以通过特征提取和特征选择后送入 Stacking 集成学习框架,也可以通过端到端的方式将数据直接输入到基于深度学习的基学习器中。各基学习器在训练数据集上预测出各自的分类结果并将其作为元学习器的输入,元学习模型通过训练不断修正模型中每个基学习器的偏差,并得出最终分类结果。

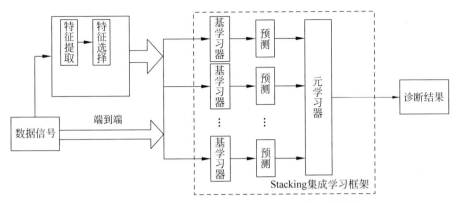

图 7.1　基于 Stacking 集成学习的故障诊断网络结构

7.2　基于集成学习的轴承故障诊断模型构建

7.2.1　基于集成学习的轴承故障诊断模型构建方法

在轨道交通实际运行环境中,由于噪声干扰等原因可能导致传感器测量出现偏差,此时,采用 Stacking 集成学习的方法,对多故障模型进行融合,可提升模型在实际工业上的诊断结果。

我们提出一种集成多个单层卷积神经网络的轴承故障诊断模型的构建方法 SSCNN-X(X Single Layer Convolutional Neural Networks Stacked),如图 7.2 所示。

利用 Stacking 集成学习的思想将多个简单的单层卷积神经网络模型作为基学习器,通过实验寻找其模型达到的学习极限,并将其模型分类结果保存。然后再将模型分类结果输入到元学习器中,通过元学习器进一步调整多个基学习器模型分类结果,增强其故障诊断能力。

在 SSCNN-X 模型构建过程中,我们使用单层卷积神经网络 SCNN(Single Layer Convolutional Neural Networks)作为基学习器。SCNN 的网络结构相对较为简单,即使经过多次堆叠,依然有较快的训练速度,针对小样本数据我们降低模型的复杂度,SCNN 其卷积核大小为 20、步长为 8、卷积核数量为 32;池化层核大小为 4、步长为 4、核数量为 32;SCNN 全连接层神经元个数为 100。我们将多个 SCNN 的输出概率作为次级学习器的输入属性,这里我们选择使用一个全连接神经网络作为次级学习器,将 X 个初级模型 SCNN

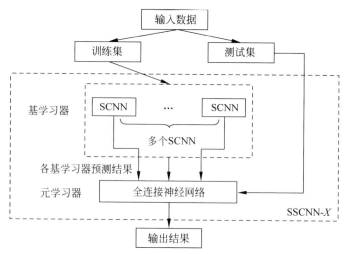

图 7.2　SSCNN-*X* 模型图

输出的分类结果作为训练集输入次学习器中,通过神经网络调整不同模型学习权重,修正模型中每个基学习器的偏差,从而提高输出结果的准确率。

7.2.2　基于集成学习的轴承故障诊断模型构建流程

基于 Stacking 集成学习的轴承故障诊断模型 SSCNN-*X* 的构建流程如图 7.3 所示。

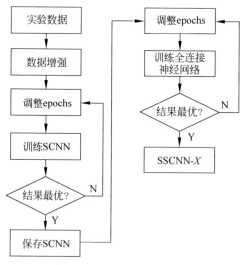

图 7.3　SSCNN-*X* 构建流程

（1）实验数据准备，并采用数据增强方法获取更多数据从而分组。

（2）训练基学习器。通过实验不断调整 epochs，使基学习器 SCNN 达到其模型最优结果，并保存其完整模型。

（3）将 X 个 SCNN 的分类结果输入到元学习器全连接神经网络中去，只训练全连接神经网络，并不断调整其 epochs 值，使其得到其最优结果。

（4）输出 SSCNN-X 模型。

7.3　基于集成学习的轴承故障诊断模型实验

7.3.1　基于集成学习的轴承故障诊断数据源

本轴承故障诊断实验采用美国凯斯西储大学（CWRU）提供的轴承数据集。我们设定训练集与验证集、测试集的比例为 $1:2:7$，训练集个数 1000、验证集个数 2000、测试集个数为 7000。

我们对 SCNN 进行小样本实验，并保存 5 个 SCNN 模型，分别作为 SCNN-X 的基学习器，模型的具体实验参数如表 7.1 所示。

表 7.1　SCNN 下小样本实验参数

参　　数	取　　值
length	2048
mini-batch	256
epochs	20、50、100、200
Adam	0.001
负载	1HP
训练集个数	1000
验证集个数	2000
测试集个数	7000
模型总参数量	206710

7.3.2　基于集成学习轴承故障诊断模型构建实验

1. SCNN 下小样本建模实验

在实验中，SCNN 的模型结构图如图 7.4 所示，SCNN 的结构参数如

表 7.2 所示。我们在实验中调整 epochs 值的大小,分别对其取值为 20、50、100 和 200,比较其实验结果。

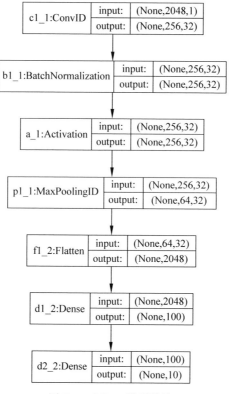

图 7.4　SCNN 模型结构

表 7.2　SCNN 的结构参数

序号	层类型	核大小/步长	核数量	输出大小(宽度×长度)
1	Conv1	20/8	32	256×32
2	Pooling1	4/4	32	64×32
3	Flatten			2048
4	Dense			100
5	Softmax			10

如表 7.3 和图 7.5 所示,SCNN 经过 20、50、100、200 轮完整迭代后其准确率在 78.19%~86.39%,在迭代 100 epochs 后其准确率趋于稳定并达到最高 86.39%,因此我们选择 epochs 值为 100,进行模型保存。

表7.3　SCNN 在不同 epochs 下的模型准确率

模型	epochs			
	20	50	100	200
SCNN	78.19%	82.37%	86.39%	86.29%

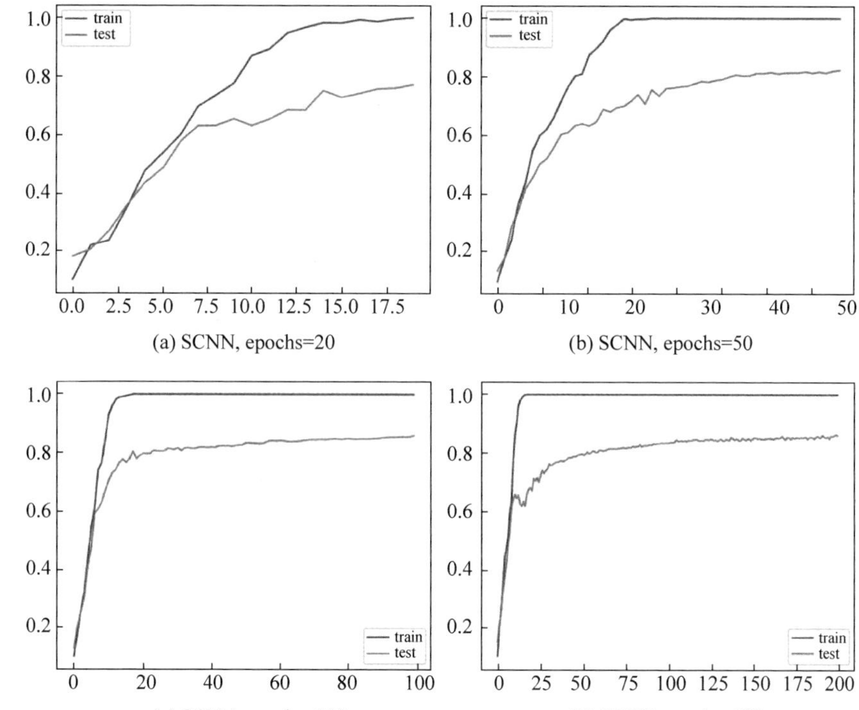

(a) SCNN, epochs=20

(b) SCNN, epochs=50

(c) SCNN, epochs=100

(d) SCNN, epochs=200

图7.5　SCNN 在不同 epochs 下的训练集与测试集曲线

2. SSCNN-X 下小样本建模实验

SSCNN-X 中 X 代表 SCNN 堆叠个数,在接下来的实验中我们取 X 为 2-5,即堆叠 2 至 5 个 SCNN 模型进行实验,在获取到初级学习器的分类结果后,通过一个元学习器全连接神经网络来对不同 SCNN 的分类结果作为训练集进行进一步修正,从而得到完整的 SSCNN-X 模型,并输出最终结果。

SSCNN-X 在小样本下的实验参数除了模型总参数量外与 SCNN 完全

相同,其模型总参数量为 $207710X + 1110$。SCNN-X 在 $X = 2$ 的结构图如图 7.6 所示。

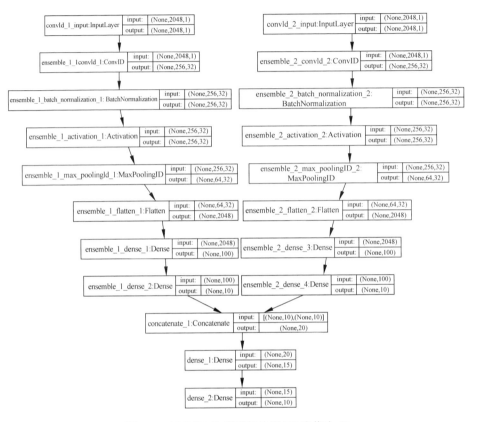

图 7.6   SSCNN-X 模型结构图(X 取值为 2)

在图 7.7 中,分别代表模型 SSCNN-2、SSCNN-3、SSCNN-4 和 SSCNN-5,通过 epochs 值为 20、50、100 和 200 次的模型实验。通过表 7.4 我们可以看出 SSCNN-2 和 SSCNN-3 的准确率通过 20 轮 epochs 精度即可达到了 96.40% 以上,SSCNN-3 通过 100 轮 epochs 最高可达到 97.57% 的准确率,比单个基学习器提升了 11 个百分点,比 WKCNN 提升了 5 个百分点。从而证明了 SSCNN-X 模型针对小样本问题的有效性。表 7.5 反映了 SSCNN-X 训练过程平均每步执行时间,其范围在 $0.332\mathrm{ms/step}$ 至 $0.940\mathrm{ms/step}$,即在较短时间内即可完成训练,保证了时效性。

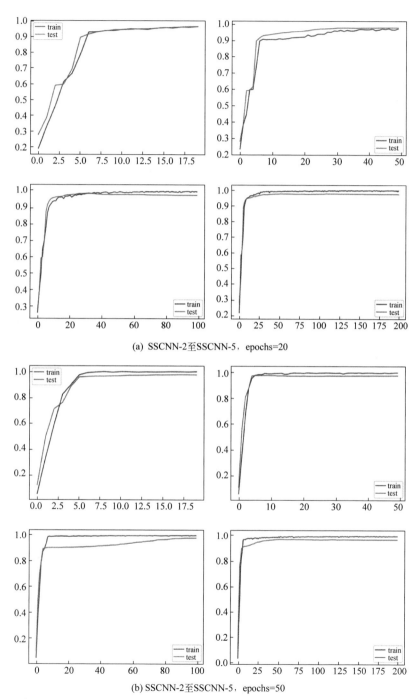

(a) SSCNN-2至SSCNN-5，epochs=20

(b) SSCNN-2至SSCNN-5，epochs=50

图 7.7 SSCNN-X 在不同 epochs 下的训练集与测试集曲线（X 取值为 2～5）

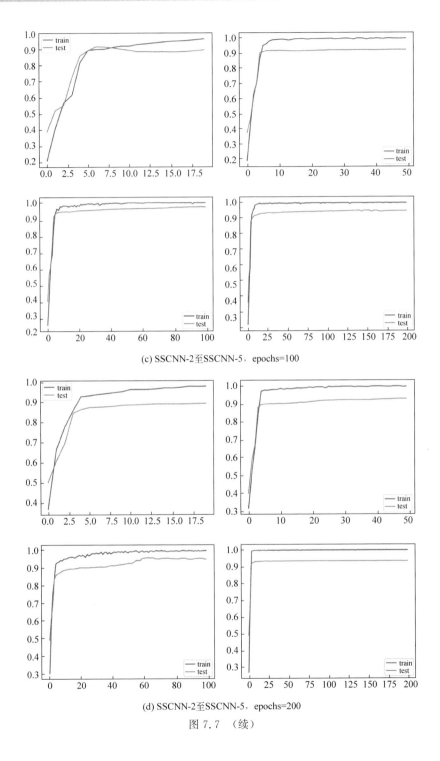

(c) SSCNN-2至SSCNN-5，epochs=100

(d) SSCNN-2至SSCNN-5，epochs=200

图 7.7 （续）

表 7.4　**SSCNN-X** 在不同 **epochs** 下的测试集准确率

模　　型	epochs			
	20	50	100	200
SSCNN-2	96.40%	97.29%	97.40%	96.84%
SSCNN-3	96.40%	97.53%	97.57%	97.21%
SSCNN-4	89.40%	92.40%	95.83%	95.60%
SSCNN-5	88.57%	93.23%	94.67%	93.33%

表 7.5　**SSCNN-X** 训练过程平均每步执行时间

模　　型	时间(ms/step)
SSCNN-2	0.332
SSCNN-3	0.531
SSCNN-4	0.755
SSCNN-5	0.940

3. SSCNN-X 与 WKCNN 在小样本环境下对比实验

下面我们通过模型实验对比 SSCNN-X 模型和第 4 章提出的 WKCNN 模型在小样本下的诊断结果。模型实验参数同样选择在 1HP 负载下, 训练集样本点个数为 1000, 验证集样本点个数为 2000, 测试集样本点个数为 7000, 除了 Length 取 5200 和模型总参数量为 44994 外, 其他参数条件和 SSCNN-X 相同。

在 1HP 负载环境下, WKCNN 在不同 epochs 下的训练集与测试集曲线如图 7.8 所示。WKCNN 基于深度学习的思想, 需要大量的训练样本, 通过多层非线性变换可以快速学习到数据深层次的特征。在第 4 章的实验中, WKCNN 在 7000 组训练样本, 1000 组测试样本下, 20epochs 即可达到 99.90% 的准确率; 而在小样本条件下通过图 7.9 我们可以得知 WKCNN 在 20epochs 下的准确率仅为 82.81%, 200epochs 下的准确率也只有 92.21%, 100epochs 下准确率最高为 92.34%。如图 7.9 所示, SSCNN-X 在 20 次 epochs 中最多比 WKCNN 高出 14% 的准确率, 在 100 次 epochs 中 WKCNN 与 SSCNN-3 取得诊断精度最高值分别为 92.34% 与 97.57%, SSCNN-3 的诊断精度比 WKCNN 要高出 5 个以上的百分点。通过实验证明 WKCNN 深度学习模型并不是十分适用于小样本数据的诊断, 而 SSCNN-X 集成学习模型, 虽然其单个基学习器诊断精度低于 WKCNN, 但是通过 Stacking 集成学习的

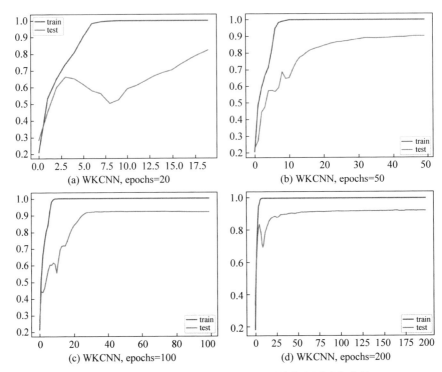

图 7.8　WKCNN 在不同 epochs 下的训练集与测试集曲线

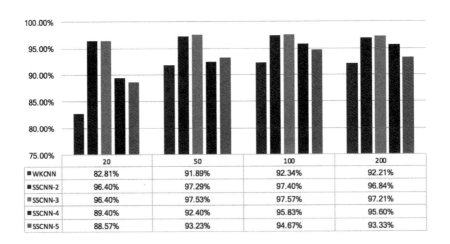

	20	50	100	200
▪WKCNN	82.81%	91.89%	92.34%	92.21%
▪SSCNN-2	96.40%	97.29%	97.40%	96.84%
▪SSCNN-3	96.40%	97.53%	97.57%	97.21%
▪SSCNN-4	89.40%	92.40%	95.83%	95.60%
▪SSCNN-5	88.57%	93.23%	94.67%	93.33%

▪WKCNN　▪SSCNN-2　▪SSCNN-3　▪SSCNN-4　▪SSCNN-5

图 7.9　WKCNN 与 SSCNN-X 在不同 epochs 下的准确率对比

思想,通过元学习器将多基学习器得到的诊断结果进行二次训练,调整分类结果,得出的最终训练结果要完全优于 WKCNN,从而证明了 SSCNN-X 模型在该实验环境下的有效性。

下面,我们使用 Precision、Recall、F1-Measure 和 ROC 曲线来对 SSCNN-3 进行模型评估,实验条件与上一小节相同。如图 7.10 所示,为 SSCNN-3 的 epochs 分别取值为 20、50、100 和 200 的 ROC 曲线,其曲线均接近于纵轴,为 1,即"真正例率"(True Positive Rate),其 AUC 值均半数以上为 1 其余最低为 0.9981,接近 1。表 7.6 为 epochs=100 时,每种故障类型的 Precision、Recall 和 F1-measure 的值。其中 IR014、IR021、OR007、OR014 和 OR021 的度量指标均为 100%,剩余 4 种类型最低指标也在 92% 以上,其宏观平均值 Macro avg 和权重平均值 Weight avg 的各项评价指标均为 98%,证明了 SSCNN-X 模型在小样本环境下有着良好的诊断性能。

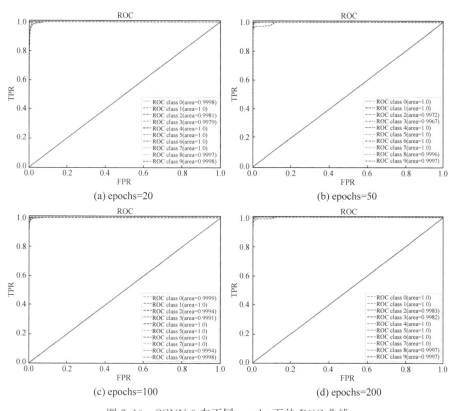

图 7.10　SCNN-3 在不同 epochs 下的 ROC 曲线

表 7.6　SSCNN-3 性能度量

分　类	查准率 （Precision）	查全率 （Recall）	F1 度量 （F1-Measure）	数　量
B007	99%	99%	99%	700
B014	100%	100%	100%	700
B021	93%	98%	96%	700
IR007	97%	93%	95%	700
IR014	100%	100%	100%	700
IR021	100%	100%	100%	700
OR007	100%	100%	100%	700
OR014	100%	100%	100%	700
OR021	100%	100%	100%	700
Normal	92%	100%	96%	700
Macro avg	98%	98%	98%	7000
Weight avg	98%	98%	98%	7000

基于迁移学习的变工况轴承故障
智能诊断方法

迁移学习是将某个领域或任务上学习到的知识或模式应用到不同但相关的领域或问题中的一种机器学习方法。针对变工况条件下的轨道交通轴承故障诊断实际需求,本章提出一种基于迁移学习的变工况轴承故障智能诊断方法,具体包括基于迁移学习的变工况轴承故障诊断网络结构和一种改进的弹性正则化迁移学习方法;基于迁移学习的变工况轴承故障诊断模型构建流程与构建算法;结合美国凯斯西储大学(CWRU)提供的轴承数据集,完成基于迁移学习的变工况轴承故障智能诊断模型实验。

8.1 基于迁移学习的变工况轴承故障诊断工作原理

8.1.1 基于迁移学习的变工况故障诊断网络结构

在基于深度学习的轴承故障诊断方法中,为了提高故障诊断模型的准确率,往往需要设计出较为复杂的网络结构,但具有复杂网络结构的诊断模型容易发生过拟合现象,导致在变工况条件下轴承故障诊断模型存在失效或准确率下降等问题。

迁移学习是将某个领域或任务上学习到的知识或模式应用到不同但相关的领域或问题中的一种机器学习方法。它是在一种环境中学到的知识被用在另一个领域中来提高它的泛化性能的手段。使用迁移学习的方法可以有效解决不同工况条件下数据分布的差异性,提高模型的鲁棒性。迁移学习是机器学习领域中用于解决标记数据少以及标记数据难以获取等问题的重要手段。迁移学习被广泛使用于解决目标域与源域之间的迁移问题,迁移学习发展到如今是为了从关联学科中获取到有用的东西,实现知识迁移,提高学习效果,并建立不同学科之间共享的知识结构,以减少学科之间数据的差异。

基于迁移学习思想和深度学习方法,设计出面向变工况轴的基于迁移学习的轴承故障诊断网络结构,如图 8.1 所示。

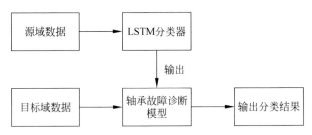

图 8.1　基于迁移学习的变工况轴承故障诊断网络结构

首先将训练数据输入到深度学习网络模型中,应用深度学习模型作为分类器对故障类型进行分类,输出训练完成后的轴承故障诊断模型,再将训练好的轴承故障诊断模型作用于目标域测试数据,最终输出模型的分类结果。

8.1.2　一种改进弹性网正则化的迁移学习方法

为了提升变工况条件下的轴承故障诊断模型的泛化能力,我们引入弹性网正则化迁移学习的方法。定义弹性网正则化如下所示:

$$L_{1,2} = \lambda_1 \| w \|_1 + \frac{\lambda_2}{2} \| w \|_2^2 \tag{8.1}$$

其中,λ_1 和 λ_2 表示惩罚项,是控制正则化强弱的系数,可以控制权重大小,抑制过拟合,提高模型的泛化能力。w 代表需要被更新的权重。事实上,弹性网正则化即为 $L_1 = \| w \|_1 = \sum_i | w_i |$ 正则化和 $L_2 = \frac{1}{2} \| w \|_2^2 = \frac{1}{2} \sum_i w_i^2$ 正则化的线性组合。

将弹性网正则化加入到深度学习成本函数中,得到新的成本函数如式(8.2)所示:

$$J(w;X,y) = L(w;X,y) + \lambda_1 \| w \|_1 + \frac{\lambda_2}{2} \| w \|_2^2 \tag{8.2}$$

其中 $J(w;X,y)$ 是成本函数，$L(w;X,y)$ 是损失函数。

针对轨道交通轴承故障数据，我们通过实验分析 λ_1 和 λ_2 之间的关系。实验数据采用美国凯斯西储大学电子工程实验室提供的轴承数据集 CWRU，应用 LSTM 循环神经网络训练轴承故障诊断模型。实验结果如表 8.1 所示。

表 8.1　λ_1 和 λ_2 关系实验对比结果

第一组								
λ_1	0.09	0.08	0.07	0.06	0.05	0.04	0.03	0.02	0.01
λ_2	0.1	0.2	0.3	0.4	0.5	0.6	0.7	0.8	0.9
准确率	0.861	0.908	0.881	0.89	0.924	0.884	0.876	0.897	0.908

第二组								
λ_1	0.01	0.04	0.09	0.16	0.25	0.36	0.49	0.64	0.81
λ_2	0.1	0.2	0.3	0.4	0.5	0.6	0.7	0.8	0.9
准确率	0.876	0.866	0.801	0.823	0.828	0.853	0.753	0.826	0.844

第三组								
λ_1	0.067	0.129	0.188	0.242	0.293	0.34	0.384	0.426	0.464
λ_2	0.1	0.2	0.3	0.4	0.5	0.6	0.7	0.8	0.9
准确率	0.879	0.876	0.839	0.813	0.803	0.832	0.857	0.846	0.862

根据以上实验，我们发现第一组实验所得准确率较高，第二组和第三组实验所得准确率较低，并且第二组实验中有一次发生了过拟合，而且通过以上三组实验可以看出，随着惩罚项 λ_2 的递增，惩罚项 λ_1 递减时模型的准确率较高，因此，为简化上面成本函数公式，统一弹性网正则化中的 λ_1 和 λ_2，提出下面改进后弹性正则化，如公式（8.3）所示。

$$L'_{1,2}=\frac{1-\lambda}{10}\parallel w\parallel_1+\frac{\lambda}{2}\parallel w\parallel_2^2 \tag{8.3}$$

其中，λ 是统一化后的惩罚项。当 λ 取不同的值时，可以得到不同组合的正则化项。下面我们分析当 λ 取不同的值时对模型泛化能力的影响。

（1）当 λ 为 0 时，L_2 正则化将不起作用，此时只有 L_1 正则化作用在损失函数上。L_1 正则化可以产生稀疏解，能够使网络模型中的部分权重为 0，降低模型的复杂度，以此来抑制过拟合，提高模型的泛化能力。

（2）当 λ 为 1 时，L_1 正则化将不起作用，此时只有 L_2 正则化作用在损失函数上。L_2 正则化能够对权重进行收缩，以此来抑制权重过大，获取带有更小参数的更简单的模型,最终达到抑制过拟合提高模型泛化能力的目的。

(3) 当 λ 在 0 和 1 之间时,L_1 正则化和 L_2 正则化将同时作用于损失函数,与弹性网正则化相似。此时的正则化既可以产生稀疏解,也可以抑制权重过大,对权重进行收缩,从而进一步提升了模型的泛化能力。

我们将上述改进后的弹性网正则化(Improved Elastic Net)加入 LSTM 循环神经网络模型中进行迁移学习,从而实现变工况条件下的轴承故障智能诊断。

8.2　基于迁移学习的变工况轴承故障诊断模型构建

8.2.1　基于迁移学习的变工况轴承故障诊断模型构建流程

我们采用前文提出的改进后弹性网正则化(Improved Elastic Net)的迁移学习方法来实现变工况条件下轴承故障诊断模型的构建。图 8.2 给出了我们提出的基于改进弹性网正则化和 LSTM 的轴承故障诊断过程。

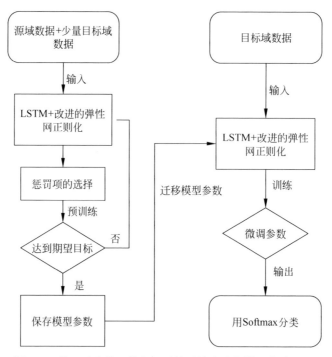

图 8.2　基于迁移学习的变工况轴承故障诊断模型构建流程

基于迁移学习的变工况轴承故障诊断模型构建流程如下：

（1）首先确定模型训练数据。我们通过在源域中加入少量目标域的数据，作为模型的训练数据。

（2）基于改进弹性网正则化结合 LSTM 构建变工况轴承故障诊断模型，对模型进行训练。

（3）训练好的模型参数迁移到目标域中，并利用少量目标域数据对模型参数进行微调。

（4）最后通过 Softmax 进行故障分类，构建出具有一定泛化能力的轴承故障诊断模型，实现变工况条件下的轴承故障诊断。

8.2.2　基于迁移学习的变工况轴承故障诊断模型构建算法

本文提出的基于迁移学习的变工况轴承故障诊断模型构建算法如下所示。

算法 8.1　基于迁移学习的轴承故障诊断模型构建算法

输入：源域轴承数据以及少量的目标域轴承数据。

输出：进行迁移学习之后模型最终输出的分类结果。

需求：z 是隐藏层的输出，z^* 是经过 Batch Norm 之后的输出，w 是网络的权重参数，γ 和 β 是 Batch Norm 中需要被调节的参数。

方法：

　　将改进后的弹性网正则化加入到 LSTM 分类模型中，并且对模型进行预训练。

　　While 模型参数没有达到预期的目标 do

　　　　for 每一个小批量数据 do

　　　　　　在每一个隐藏层，添加 Batch Norm 层，使用 z^* 来代替 z。

　　　　　　使用反向传播算法去计算 dw，$d\gamma$ 以及 $d\beta$。

　　　　　　更新网络参数：$w = w - \alpha dw$，

　　　　　　　　$\gamma = \gamma - \alpha d\gamma$，

　　　　　　　　$\beta = \beta - \alpha d\beta$。

　　　　if 训练结果达到了预期的目标 then

　　　　　　保存模型的参数并且把它们迁移到目标域中。

　　　　　　使用少量的目标域数据微调网络参数。

　　　　　　使用 Softmax 进行轴承故障分类。

　　return 最终分类结果

8.3　基于迁移学习的变工况轴承故障诊断模型实验

8.3.1　变工况轴承故障诊断数据源

变工况轴承故障诊断数据采用美国凯斯西储大学(CWRU)提供的轴承数据集。

故障数据选择在驱动端处产生,采样频率为 12kHz。源域数据和目标域数据来自不同的负载,源域数据为 1HP 的数据样本集,目标域数据为 2HP 的数据样本集。

在预训练阶段,训练样本总数为 7000 个,其中源域数据样本数为 6000 个,目标域样本数为 1000 个。每个样本数据点大小是 864。

8.3.2　变工况轴承故障诊断模型实验

1. 加入改进弹性网前后模型对比实验

将加入改进的弹性网正则化(Improved Elastic Net)的 LSTM 与传统的 LSTM 进行对比实验,观察结果的差异。结果如图 8.3 和图 8.4 所示。

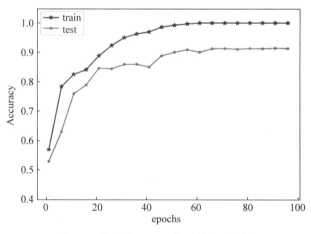

图 8.3　传统的 LSTM 模型的实验结果

从上面两张图中可以看出,加入改进弹性网正则化后的模型和传统的 LSTM 模型相比训练数据的识别精度和测试数据的识别精度差距缩小了,但需要注意的是,加入改进弹性网正则化后的模型训练准确率降低了,这并

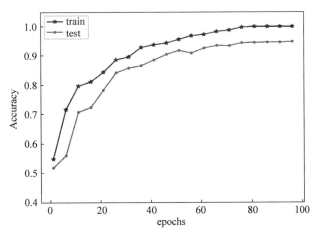

图 8.4　加入改进弹性网正则化模型的实验结果

不影响测试数据的准确率,通过增加训练次数,训练准确率能够达到 100%。另外,通过增加训练次数,加入改进弹性网正则化后的模型在测试数据上的准确率也要高于传统的 LSTM 模型。通过以上实验说明加入正则化后过拟合受到了抑制,模型的泛化能力得到了提升。

为了直观地验证该方法的有效性,我们将分类结果进行可视化处理。我们分别在加入改进的弹性网正则化的 LSTM 模型和传统的 LSTM 模型的分类数据中提取出 29 个时域和频域特征,每个特征抽取 100 个点。然后利用主成分分析法(PCA)将特征数据降维为二维,最后利用 K-means 进行聚类,实验结果如图 8.5 和图 8.6 所示。

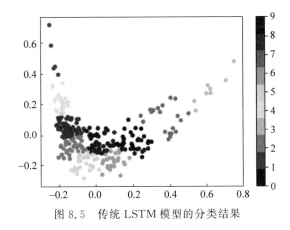

图 8.5　传统 LSTM 模型的分类结果

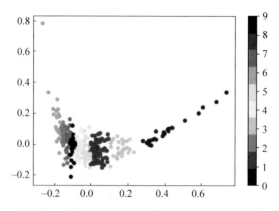

图 8.6　加入改进弹性网正则化模型的分类结果

　　通过图 8.5 和图 8.6 的对比可以直接看出,本文加入改进弹性网正则化的轴承故障诊断模型的分类效果要优于传统的 LSTM 故障诊断模型,可以直观地说明基于改进的弹性网正则化迁移方法的有效性。

2. 不同网络模型对比实验

　　将加入改进的弹性网正则化的 LSTM 与传统的长短期记忆网络、门限循环单元以及双向长短期记忆网络进行迁移学习准确率的对比,源域数据为 1HP,目标域数据为 2HP,实验结果如表 8.2 所示。

表 8.2　不同网络模型的实验对比结果

网　　络	准确率/%	损　失　率
LSTM	93.8	0.377
GRU	89.3	0.546
Bi-LSTM	87.8	0.424
Improved Elastic Net LSTM	96.3	0.298

　　上表评价指标中的损失率是采用小批量交叉熵误差损失函数,准确率是分类正确的样本占整个样本的比重。从表 8.2 中可以看出,对于加入改进弹性网正则化的 LSTM 模型,其准确率最高,损失率最低,说明改进弹性网正则化的故障诊断模型的泛化能力得到了提高,过拟合得到了抑制。

3. 不同迭代次数下模型对比实验

将上述 4 种方法分别在 1HP 的数据集下进行训练,将训练好的模型分别迁移到 2HP 的数据集下进行测试,观察 4 种模型在不同训练次数下的准确率。实验结果如图 8.7 所示。

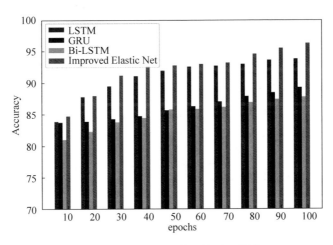

图 8.7　不同训练次数下的对比结果

从图 8.7 中可以看出,随着训练次数的增加,模型的准确率在不断提高。我们提出的加入改进弹性网正则化的迁移学习方法在不同训练次数下的准确率要高于其他三种模型。

4. 不同数据集下模型对比实验

针对不同数量的目标域样本进行实验,利用我们提出的改进的弹性网正则化网络与上文提供的其他三个网络模型进行实验对比,观察不同目标样本数下的准确率,实验结果如图 8.8 所示。

从图 8.8 中可以看出,在不同目标样本数下利用上述四种网络模型进行迁移学习轴承故障诊断的准确率整体呈上升趋势,并且我们所提出的加入改进后的弹性网正则化网络模型的准确率要明显高于其他三种网络,进一步验证了我们所提方法的有效性。

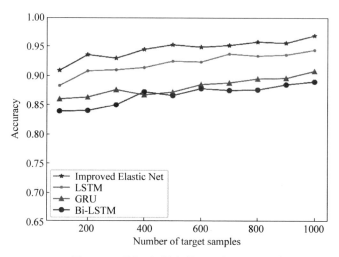

图 8.8   不同目标样本数下的实验对比

基于大数据平台的轴承故障智能诊断方法

针对大规模数据环境下轨道交通轴承故障诊断实际需求,本章提出一种基于大数据平台的轴承故障智能诊断方法。首先介绍了大数据 Hadoop 平台框架、Hadoop 分布式文件系统 HDFS、Hadoop 分布式计算 MapReduce、Hadoop 资源管理器 Yarn,然后给出了基于 Hadoop 的轴承故障诊断平台设计与实现,最后结合美国凯斯西储大学(CWRU)提供的轴承数据集,完成基于 Hadoop 的轴承故障诊断实验。

9.1 大数据 Hadoop 平台工作原理

9.1.1 Hadoop 大数据平台框架

Hadoop 是目前广为流行的一个开源的分布式并行计算平台,为用户提供了一种可靠、高效、可伸缩的方式进行分布式数据处理的基础架构,它具有很好的跨平台特性,利用它能够有效解决大数据量下的存储以及计算问题,Hadoop 平台的分布式存储和分布式计算架构如图 9.1 所示[258-259]。

从硬件体系结构上看,Hadoop 平台是一个运行在普通个人计算机或者服务器上的分布式存储和计算平台。

Hadoop 从软件角度上看主要解决的是分布式数据存储和计算的问题。在分布式存储系统架构上,Hadoop 有一个分布式文件系统 HDFS(Hadoop Distributed File System),用于控制管理每个计算机本地文件系统,从而构建一个逻辑上整体化的分布式文件系统,以此来提供一个可以扩展的分布

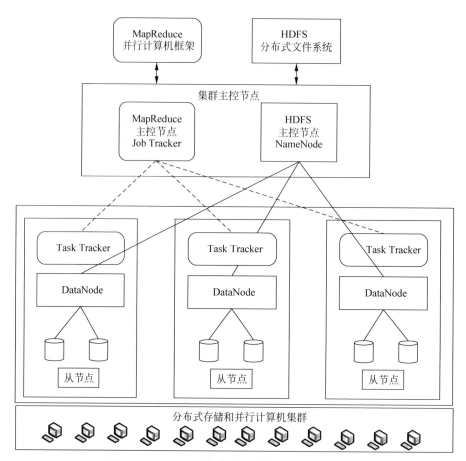

图 9.1　Hadoop 平台分布式存储和并行计算架构

式存储能力。在 HDFS 中,负责和管理整个分布式文件系统的主控制节点称为 NameNode,其任务主要来源于客户端提交需要解决的作业,而每个负责数据储存和计算的从节点称为 DataNode。

　　为了实施大数据分布式计算,Hadoop 又提供了一个可以并行化计算的框架 MapReduce,该框架可以有效地调度系统中的节点来按照程序的流程去执行和处理数据,并且能让每个从节点利用本地节点上的数据进行本地化数据处理。在数据处理过程中,用于调度和管理的主控节点称为 JobTracker,JobTracker 与负责数据存储的主节点 NameNode 一般设置在硬件配置比较高的同台服务器上,如果集群比较大,需要处理的数据负载较重时,也可以分别配置在不同的服务器上;在本地化进行数据计算和处理的从节点称为 TaskTracker，TaskTracker 与数据存储节点 DataNode 配置在同一台普通物理从节点计算机上。

9.1.2　Hadoop 分布式文件系统 HDFS

Hadoop 中用来存储数据的是 HDFS，它是一个分布式的文件系统，可以实现数据的分布式存储。HDFS 能提供高吞吐量的数据访问，适合处理超大数据集的应用程序。HDFS 的体系结构如图 9.2 所示。

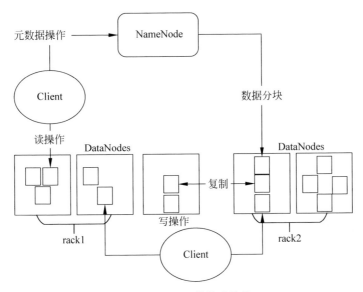

图 9.2　HDFS 的体系结构

HDFS 采用了主从（Master/Slaves）结构模型，一个 HDFS 集群包括一个 NameNode 节点和若干 DataNode 节点。NameNode 作为主节点管理各个 DataNode，它主要存储元数据，并向 DataNode 分配任务；DataNode 存储实际数据，它启动时需要向 NameNode 进行注册，通过心跳机制，DataNode 需要定期向 NameNode 报告自己的状态，没有按时发送心跳信息的 DataNode 会被标记为 Dead，不会再给它分配任何 I/O 请求。

9.1.3　Hadoop 分布式计算 MapReduce

MapReduce 是一个分布式并行计算框架，它可以自动划分计算数据和计算任务，并能完成计算任务的并行化处理，它提供了一个庞大但设计精良的并行计算软件框架,隐藏系统底层的复杂细节事务的处理。

　　MapReduce 的核心思想就是"分而治之",它的工作原理如图 9.3 所示,也就是把一个大的数据集拆分成多个小数据块在多台机器上并行处理。也就是说,一个大的 MapReduce 作业会被拆分成许多个 Map 任务在多台机器上并行执行,每个 Map 任务通常运行在数据存储的节点上,这样,计算和数据就可以放在一起运行,不需要额外的数据传输开销。当 Map 任务结束后,会生成许多中间结果,这些中间结果会被分发到多个 Reduce 任务,而 Reduce 任务会对中间结果进行汇总计算得到最后结果,并输出到分布式文件系统中。

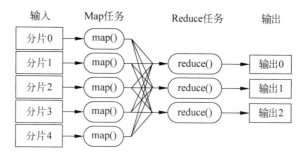

图 9.3　MapReduce 的工作原理

　　MapReduce 以批处理方式处理数据,适用于海量数据分析的非实时计算应用,但因其是基于硬盘实现的,运行速度受限于 I/O 操作。对于实时要求较高的计算处理应用,可采用 Spark 框架,Spark 基于内存计算实现的,可以以内存速度进行计算。MapReduce 体系架构图如图 9.4 所示。

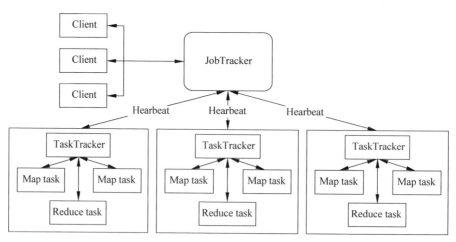

图 9.4　MapReduce 体系架构

MapReduce 是由 Client、JobTracker、TaskTracker 以及 Task 这四部分组成。Client 是客户端,用户通过 Client 向 MapReduce 提交任务并得到反馈信息;JobTracker 主要是起监控管理功能,负责资源的分配以及任务的分配,同时它与 NameNode 有类似的功能,通过心跳机制监控各个从节点的工作状态,如果发现某个节点出现故障,那么 JobTracker 就不会再向此节点分配任务;TaskTracker 与 DataNode 类似,它会定期通过心跳机制向 JobTracker 报活,并且汇报该节点的工作状况,同时接收来自 JobTracker 的指令,之后执行相对应的操作;Task 有两种,分别是 Map Task 和 Reduce Task,是通过 TaskTracker 来控制任务的执行。

9.1.4 Hadoop 资源管理器 Yarn

Yarn 是 Hadoop 中的资源管理器,主要负责资源的分配以及管理,监管集群中的资源使用情况,为集群在资源利用方面带来了很大的便捷。

Yarn 的主要思路是将 MapReduce 中的 JobTracker 细分为两部分。第一部分是 ResourceManager,主要也是用来管理系统资源的;第二部分是 ApplicationMaster,它是针对单个应用程序的管理,每个程序都有各自的 ApplicationMaster。Yarn 的框架原理以及运行机制如图 9.5 所示。

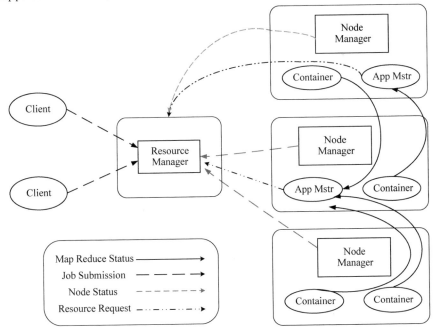

图 9.5　Yarn 架构图

　　Yarn 中的核心是 ResourceManager，它是主节点。当用户提交一个任务的时候，执行该任务需要花费的资源是由 ResourceManager 来进行分配，之后通过 NodeManager 来开辟运算资源，NodeManager 是从节点，由它来负责创建 Map Task 容器，可以运行多个 Map Task 任务。ResourceManager 还与 ApplicationMaster 一起分配资源，与 NodeManager 一起启动和监视它们的基础应用程序。

9.2　基于 Hadoop 的轴承故障诊断平台设计与实现

9.2.1　基于 Hadoop 的轴承故障诊断平台设计

　　基于大数据 Hadoop 平台，应用 HDFS 分布式文件系统及 TensorFlow 分布式框架，我们设计了面向大数据分析的轴承故障诊断平台架构，如图 9.6 所示。该平台可以实现轴承振动信号数据分布式存储以及轴承故障并行诊断。

　　轴承诊断数据可以采用 Hadoop 分布式文件系统 HDFS 存储。轴承故障诊断可以采用 TensorFlow 分布式框架并行计算训练模型。通常 TensorFlow 分布式框架包含三个模块，分别是 Client、Master 和 Worker。Client 提供用户使用的编程接口。Master 负责接受 Client 的请求，构造数据流图，并分配任务给 Worker。在 TensorFlow 分布式框架中，Master 需要为不同的 Worker 分配不同的任务，以使总用时最小。上述架构图综合考虑了实际生产应用中因数据量过大导致的数据存储问题以及通过并行计算解决了计算力不足的问题。

9.2.2　基于 Hadoop 的轴承故障诊断平台实现

　　基于 Hadoop 的轴承故障诊断平台可采用集群分布式的模式。例如：本实验中我们搭建了三个节点，一台主节点，两台从节点。操作系统选用 CentOS 7，Hadoop 的版本为 2.7.3，TensorFlow 的版本为 2.2.0。

　　Hadoop 平台的总体搭建如表 9.1 所示。

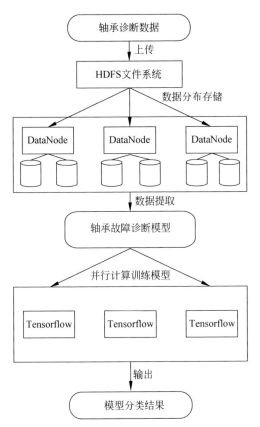

图 9.6　面向大数据分析的轴承故障诊断平台架构

表 9.1　Hadoop 平台搭建规划表

服务器名称	IP	HDFS	Yarn
bigdata121	192.168.137.121	NameNode	ResourceManager
bigdata122	192.168.137.122	DataNode	NodeManager
bigdata123	192.168.137.123	DataNode	NodeManager

　　集群启动完成之后输入 JPS 查看集群的状态,三个节点的状态如图 9.7 所示。

　　Hadoop 启动成功之后,可以登录 HDFS 的 Web 页面查看详细信息,如图 9.8 所示。结果表明 Hadoop 平台正式搭建成功,可以进行面向大数据分析的轴承故障诊断相关实验。

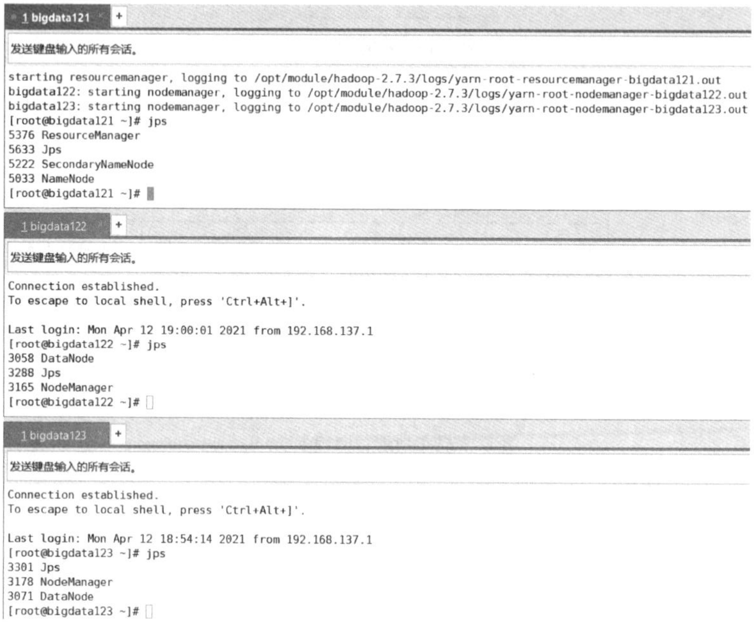

```
1 bigdata121  +

发送键盘输入的所有会话。

starting resourcemanager, logging to /opt/module/hadoop-2.7.3/logs/yarn-root-resourcemanager-bigdata121.out
bigdata122: starting nodemanager, logging to /opt/module/hadoop-2.7.3/logs/yarn-root-nodemanager-bigdata122.out
bigdata123: starting nodemanager, logging to /opt/module/hadoop-2.7.3/logs/yarn-root-nodemanager-bigdata123.out
[root@bigdata121 ~]# jps
5376 ResourceManager
5633 Jps
5222 SecondaryNameNode
5033 NameNode
[root@bigdata121 ~]#
```

```
1 bigdata122  +

发送键盘输入的所有会话。

Connection established.
To escape to local shell, press 'Ctrl+Alt+]'.

Last login: Mon Apr 12 19:00:01 2021 from 192.168.137.1
[root@bigdata122 ~]# jps
3058 DataNode
3288 Jps
3165 NodeManager
[root@bigdata122 ~]#
```

```
1 bigdata123  +

发送键盘输入的所有会话。

Connection established.
To escape to local shell, press 'Ctrl+Alt+]'.

Last login: Mon Apr 12 18:54:14 2021 from 192.168.137.1
[root@bigdata123 ~]# jps
3301 Jps
3178 NodeManager
3071 DataNode
[root@bigdata123 ~]#
```

图 9.7　Hadoop 启动成功

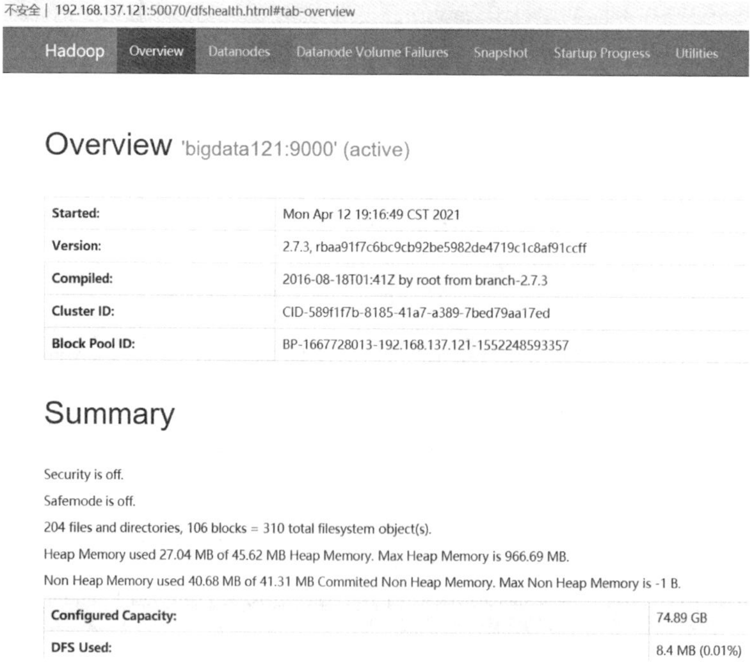

不安全 | 192.168.137.121:50070/dfshealth.html#tab-overview

Hadoop　Overview　Datanodes　Datanode Volume Failures　Snapshot　Startup Progress　Utilities

Overview 'bigdata121:9000' (active)

Started:	Mon Apr 12 19:16:49 CST 2021
Version:	2.7.3, rbaa91f7c6bc9cb92be5982de4719c1c8af91ccff
Compiled:	2016-08-18T01:41Z by root from branch-2.7.3
Cluster ID:	CID-589f1f7b-8185-41a7-a389-7bed79aa17ed
Block Pool ID:	BP-1667728013-192.168.137.121-1552248593357

Summary

Security is off.

Safemode is off.

204 files and directories, 106 blocks = 310 total filesystem object(s).

Heap Memory used 27.04 MB of 45.62 MB Heap Memory. Max Heap Memory is 966.69 MB.

Non Heap Memory used 40.68 MB of 41.31 MB Commited Non Heap Memory. Max Non Heap Memory is -1 B.

Configured Capacity:	74.89 GB
DFS Used:	8.4 MB (0.01%)

图 9.8　HDFS 的 Web 界面

9.3　基于 Hadoop 的轴承故障诊断实验

9.3.1　基于 Hadoop 分布式存储的轴承故障诊断实验

本次实验我们选用的是美国凯斯西储大学(CWRU)提供的轴承数据集。我们将轴承数据上传到 HDFS 中,如图 9.9 所示。

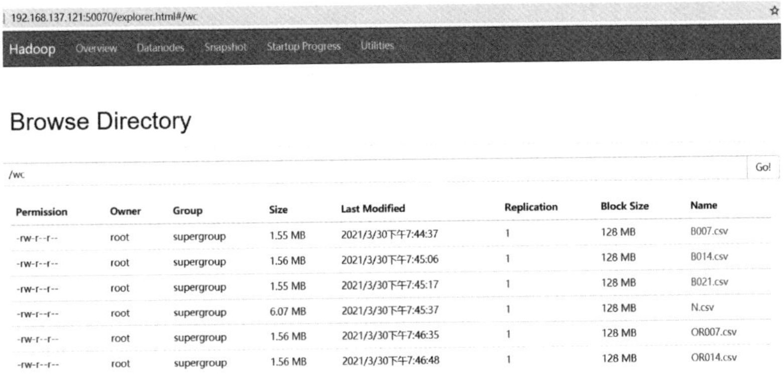

Permission	Owner	Group	Size	Last Modified	Replication	Block Size	Name
-rw-r--r--	root	supergroup	1.55 MB	2021/3/30下午7:44:37	1	128 MB	B007.csv
-rw-r--r--	root	supergroup	1.56 MB	2021/3/30下午7:45:06	1	128 MB	B014.csv
-rw-r--r--	root	supergroup	1.55 MB	2021/3/30下午7:45:17	1	128 MB	B021.csv
-rw-r--r--	root	supergroup	6.07 MB	2021/3/30下午7:45:37	1	128 MB	N.csv
-rw-r--r--	root	supergroup	1.56 MB	2021/3/30下午7:46:35	1	128 MB	OR007.csv
-rw-r--r--	root	supergroup	1.56 MB	2021/3/30下午7:46:48	1	128 MB	OR014.csv

图 9.9　HDFS 中的轴承数据

在 Hadoop 平台下执行基于卷积神经网络 CNN 的轴承故障诊断模型训练程序,其中 CNN 模型参数：3 个卷积层,大小为 5×5,通道数为 4,3 个池化层,大小为 3×3,步长为 2。针对 CWRU 中 0HP 下数据,将训练数据和测试数据划分比例为 2∶1,训练 200 次,最终运行结果如图 9.10 所示。

```
Epoch 190/200
24/24 [==============================] - 2s 64ms/step - loss: 2.6931e-04 - accuracy: 1.0000
Epoch 191/200
24/24 [==============================] - 2s 64ms/step - loss: 0.1008 - accuracy: 0.9908
Epoch 192/200
24/24 [==============================] - 2s 64ms/step - loss: 6.2342e-04 - accuracy: 1.0000
Epoch 193/200
24/24 [==============================] - 2s 64ms/step - loss: 2.5643e-04 - accuracy: 1.0000
Epoch 194/200
24/24 [==============================] - 2s 64ms/step - loss: 0.0028 - accuracy: 0.9992
Epoch 195/200
24/24 [==============================] - 2s 65ms/step - loss: 0.0062 - accuracy: 0.9983
Epoch 196/200
24/24 [==============================] - 2s 64ms/step - loss: 0.0076 - accuracy: 0.9983
Epoch 197/200
24/24 [==============================] - 2s 65ms/step - loss: 2.3695e-04 - accuracy: 1.0000
Epoch 198/200
24/24 [==============================] - 2s 64ms/step - loss: 0.0493 - accuracy: 0.9950
Epoch 199/200
24/24 [==============================] - 2s 64ms/step - loss: 2.9899e-04 - accuracy: 1.0000
Epoch 200/200
24/24 [==============================] - 2s 64ms/step - loss: 1.3984e-04 - accuracy: 1.0000
Running time: 314.9533414840698 Seconds
dict_keys(['loss', 'accuracy'])
19/19 [==============================] - 1s 40ms/step - loss: 0.2699 - accuracy: 0.9533
[0.26987317070677963, 0.9533333]
```

图 9.10　轴承故障诊断模型训练过程

　　提取出训练 200 次训练集上的训练结果，训练集上的准确率和损失率结果分别如图 9.11 和图 9.12 所示。

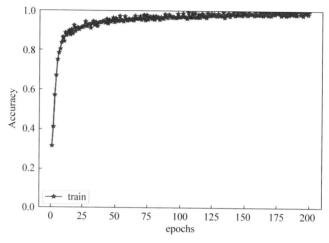

图 9.11　轴承故障诊断模型训练准确率

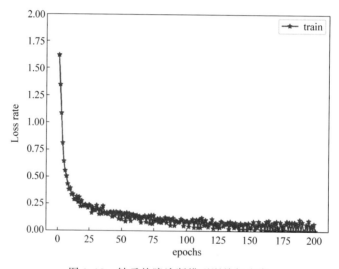

图 9.12　轴承故障诊断模型训练损失率

　　通过以上实验表明，在大数据平台下进行轴承数据的分布式存储实验，在训练集以及测试集上都有较好的效果，充分说明了在大数据平台下进行轴承故障诊断的可行性。

9.3.2 基于 Hadoop 分布式计算的轴承故障诊断实验

1. 分布式计算与单节点对比实验

在大数据 Hadoop 平台下，我们分别在 TensorFlow 分布式并行计算方式下和单节点计算方式下，进行轴承故障诊断对比实验。故障诊断模型训练次数都是 200 次，得到的对比实验结果如表 9.2 所示。

表 9.2 分布式并行计算与单节点计算对比结果

	准确率/%	损失率	运行时间/s
分布式并行计算	99.33	0.0149	283.39
单节点计算	95.33	0.2698	314.95

从表 9.2 中可以看出，无论是从准确率、损失率还是轴承故障诊断的运行时间来看，分布式并行计算的方式都要优于单节点计算的方式。

2. 不同迭代次数下对比实验

观察在不同训练次数下，分布式并行计算方式和单节点计算方式下的准确率和损失率，对比实验结果如图 9.13 所示。

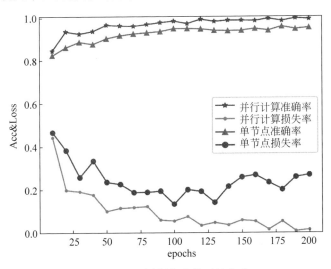

图 9.13 不同训练次数下的实验

　　通过图 9.13 可知,无论是在准确率方面还是损失率方面,分布式并行计算都要优于单节点计算,实验表明在大数据平台下进行基于分布式并行计算的轴承故障诊断还具有较高的准确率,充分表明了将基于深度学习的轴承故障诊断模型和大数据平台相结合的可行性,利用大数据平台能够有效解决在实际应用中因轴承数据量过大而无法及时处理的问题。

轨道交通轴承故障智能诊断系统
设计与实现

本章我们集成前面提出各种轴承故障智能诊断模型,采用信息系统开发方法及大数据技术构建基于大数据平台的轨道交通轴承故障智能诊断系统,具体包括故障智能诊断系统平台框架设计与功能设计,故障智能诊断系统实现技术框架与核心模块功能展示。

10.1 轨道交通轴承故障智能诊断系统设计

10.1.1 故障智能诊断系统平台框架设计

基于 Hadoop 分布式存储与并行计算技术、Python 机器学习框架以及Java 在线 Web 开发技术,采用系统功能前后端分离策略,设计了轨道交通滚动轴承故障智能诊断系统平台框架,如图 10.1 所示。

数据存储支持单节点集中式存储,也支持多节点 Hadoop 分布式大数据存储,包括大数据分布式文件系统 HDFS 和大数据分布式数据库系统HBase。故障诊断模型训练由 Python 后端完成,利用 Python 库对机器学习的良好支持以及强大的运算功能,使用 Python 提供的各类机器框架来离线训练模型。我们将轴承数据通过 Python 机器学习框架如 TensorFlow、sklearn、Keras 等进行离线模型训练,将训练好的结果进行封装,利用 Flask Web 框架提供可调用接口。我们使用 Java 来做在线 Web 开发应用,采用 Java 跨语言来调用 Python 模型。Java Web 后端 SpringBoot 通过 HTTP 方式调用

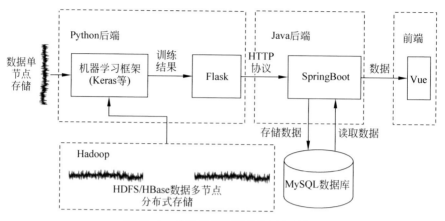

图 10.1　故障智能诊断系统平台框架

Flask 接口,获取封装好的模型训练结果以及模型等信息,通过 MyBatis ORM
框架与 MySQL 关系型数据库建立连接,可进行数据存储与数据读取。Vue 框
架通过调用 SpringBoot 提供的接口可在前端展示故障诊断结果数据。

10.1.2　故障智能诊断系统平台功能设计

　　轨道交通滚动轴承故障智能诊断系统平台整体功能设计如图 10.2 所
示,系统平台功能可划分为四部分,用户管理中心、数据管理中心、数据预处
理模块和故障诊断模块。

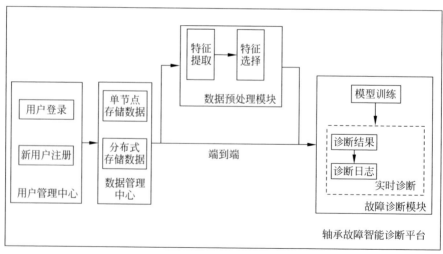

图 10.2　轴承故障智能诊断系统平台功能

用户管理模块分为用户登录和新用户注册功能,用户登录系统后方有使用系统功能的权利;数据管理中心管理两部分数据内容:单节点存储的数据和基于 HDFS 和 HBase 的分布式多节点存储的数据;深度学习模型数据可通过端到端的方式直接进行训练、实时故障诊断,也可用先进行数据预处理再进行模型训练和实时故障诊断;数据预处理模块包含特征提取和特征选择两部分内容,结合不同场景我们可以选择特征提取和特征选择中不同的算法完成数据预处理任务;故障诊断模块是本系统的核心模块,包含模型训练和实时诊断两部分内容,先将轴承训练数据输入模型中进行模型训练,将训练好的故障诊断模型保存。再将待诊断轴承数据输入已保存模型中得出轴承故障诊断结果并将结果存入诊断日志。

故障诊断模块是本系统的核心部分,下面主要介绍轴承故障诊断模块流程设计。

1. 模型训练功能流程设计

轴承故障诊断模型训练设计功能流程设计如图 10.3 所示,选择指定轴承振动信号数据文件后可选择将数据可视化,查看数据波形。选择待训练模型,可选择使用默认参数直接训练或者调整参数训练故障诊断模型,模型训练结束后得出训练结果并将其存入日志,并将完整的训练模型包括权重参数等存入 MySQL 数据库中。

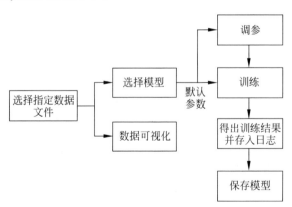

图 10.3　轴承故障诊断模型训练功能流程

2. 实时诊断功能流程设计

轴承故障实时诊断功能流程设计如图 10.4 所示,首先选择待诊断轴承数据文件,可选择将数据可视化,查看数据波形。选择已保存训练好的模型,实时诊断得出诊断结果,并将时间、数据文件、选用模型、诊断结果等相关信息同时存入诊断记录中,完成一次实时诊断。

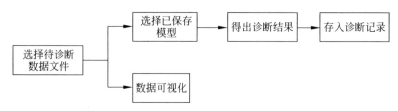

图 10.4 轴承故障实时诊断功能流程

10.2 轨道交通轴承故障智能诊断系统实现

10.2.1 故障智能诊断系统实现技术框架

轨道交通滚动轴承故障智能诊断系统开发用到的框架包括：Hadoop 框架、Keras 框架、Spring 框架、Flask 框架、Vue 框架和 Mybatis 框架等。

1. Hadoop 框架

Hadoop 是一个可以处理拍字节(PB)级别大数据的分布式框架,其核心是分布式文件系统 HDFS 及一个基于 MapReduce 模型的分布式计算框架。HDFS 位于 Hadoop 的最底层,它可以部署在多台廉价的服务器上,一个节点出现问题,并不影响其他节点工作。我们可以将这些多节点的存储系统抽象成一个数据访问吞吐量高、容量巨大的文件系统。MapReduce 是一种分布式并行计算模型,它对使用者隐藏了分布式计算的底层工作细节,将复杂的分布式计算过程抽象为 Map 和 Reduce 两个函数,使用者只需要将业务逻辑转化为 Map 和 Reduce 两种函数即可实现复杂的分布式计算。

2. Keras 框架

Keras 是一个较高层次的深度学习神经网络框架,其可基于 TensorFlow、Theano 等底层框架。Keras 的核心数据结构是 model,用于组织构建深度学习神经网络结构。最简单的模型是 Sequential 顺序模型,可完成多个网络层线性堆叠。对于更复杂的结构,可使用 Keras 函数式 API,它允许构建任意结构的深度学习神经网络。

3. Flask 框架

Flask 是使用 Python 开发的轻量的 Web 框架,通过脚本即可启动一个

Web 项目。Flask 本身即相当于一个内核,几乎所有功能都要用到 Flask-extension 来进行弹性扩展。基于 Flask 自由、灵活,可扩展性强的特点,开发人员方便选用强大的 Python 库来完成开发需求。在系统中通过 Flask 将 Python 机器学习框架得出的模型训练结果封装成 json 传递给 Java 后端。

4. Spring 框架

Spring 框架是一个轻量级 Java 开源框架,其目的是为了解决企业级应用开发的复杂性,利用 Spring 中的 JavaBean 可以完成 EJB 能够完成的所有功能。为解决 Spring 的配置烦琐问题,一种基于 Spring 的全新框架——SpringBoot 于 2013 年被提出。Spring Boot 带来了全新的自动化配置解决方案,它对一些常用的第三方库提供了默认的自动化配置方案,基于"约定有限配置"的原则,使得开发者只需要很少的 Spring 配置就能运行一个完整的 Java EE 应用。

5. Mybatis 框架

MyBatis 是一款支持普通 SQL 查询,存储过程和高级映射的优秀持久层框架,它消除了几乎所有的 JDBC 代码和参数的手工设置以及结果集的检索。MyBatis 基于 XML 文件或简单的注释机制进行配置,将接口和 Java 对象映射到数据库中的相关记录中。MyBatis 功能架构由 API 接口层、数据处理层和基本支持层组成。Mybatis 框架设计简单精巧,没有第三方依赖,通过配置文件和 Maven 引入包文件即可使用,它同时解除了应用程序代码和 SQL 语句的耦合,使系统的设计更加清晰,易于管理和维护。

6. Vue 框架

Vue 是一套基于 MVVM 框架开发的构建用户界面的渐进式框架,它通过双向绑定数据,数据变化实时反映并映射到 DOM 上,简化了前端开发流程从而提升了开发效率。Vue 的特性之一是非侵入性响应,数据模型是普通的 JavaScript 对象。当将一个普通的 JavaScript 对象传递给 Vue 实例时,Vue 将遍历此对象的所有属性,并把这些行属性转换为 getter/setter。对于用户而言,转换来的 getter/setter 是不可见的。Vue 在内部追踪依赖,当属性被修改和访问的时候通知变化。

10.2.2　轴承故障智能诊断系统核心模块展示

轨道交通轴承故障智能诊断系统的核心功能包括故障诊断模型训练和

实时故障诊断两部分。

1. 故障诊断模型训练

轨道交通轴承故障诊断模型训练界面如图 10.5 所示，该界面的核心功能主要分为模型训练和模型保存两部分，所有的功能都是在用户已登录后才能使用。在该界面用户可以选取待训练数据文件、数据可视化、选择实验模型并调参、模型训练并保存。

图 10.5　故障诊断模型训练界面

（1）首先单击"选取数据文件"按钮，在弹出的数据文件选择对话框中选择需要进行模型训练的数据文件，例如选择美国凯斯西储大学（CWRU）提供的轴承数据集中的数据文件进行轴承故障模型训练。单击"数据可视化"按钮可生成对应的数据信号图，可以进行信号波形图观察，如图 10.6 所示显示凯斯西储大学（CWRU）轴承数据集中的 1HP 下数据文件波形图。

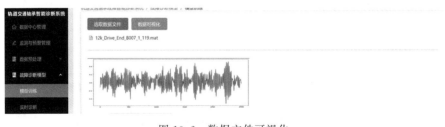

图 10.6　数据文件可视化

（2）选择要训练的故障诊断模型。在图 10.7 故障诊断模型选择中，单击模型选择下拉菜单，例如选择 WKCNN 模型。WKCNN 模型是我们前面提出的一种宽卷积核卷积神经网络模型，默认参数如下，批量大小：256，epochs：20，样本信号长度：5200，是否批处理归一化：True，测试集数量：1000，是否标准化：True。模型参数的设置可结合实际需求修改，通过参数调整可以比对模型训练结果。

图 10.7　故障诊断模型选择及参数设置

（3）单击"模型训练"按钮，开始对模型进行训练，模型训练过程如图 10.8 所示。图中上半部分为前端界面，下半部分为 Python 后端 Keras 框架训练 WKCNN 模型过程中控制台的日志。在模型训练过程中，前端界面提示用户"模型训练中，请耐心等待"。

（4）模型训练结果后，弹出如图 10.9 所示的模型训练结果界面。为了更好地展示模型训练结果，用户可以通过选项卡的方式查看该模型的分类报告、混淆矩阵、精度召回曲线、损失曲线和正确率曲线，如图 10.10 所示。

（5）单击"保存模型"按钮，即可将我们训练好的模型以 .h5 文件的格式保存到数据库中，在前端展示文字"模型保存成功！"，如图 10.11 所示。

保存好的故障诊断模型以二进制文件的方式保存入数据库中，可以用于用户进行轴承故障实时诊断。

2. 实时故障诊断

轴承实时故障诊断界面如图 10.12 所示，该界面功能为：选择待诊断数据，选择之前保存过的训练好的故障诊断模型，单击故障诊断按钮即可实时诊断出轴承故障类型，并将其保存到诊断记录中，在数据库中持久化并可在该页面查看。

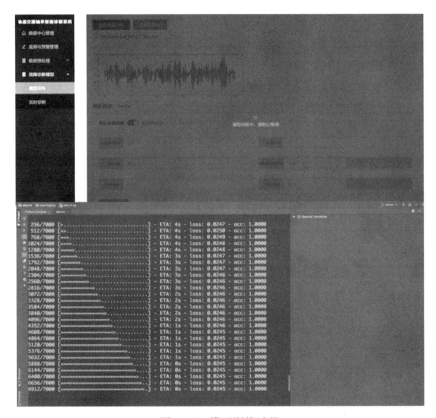

图 10.8　模型训练过程

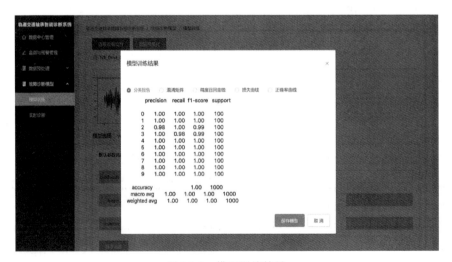

图 10.9　模型训练结果

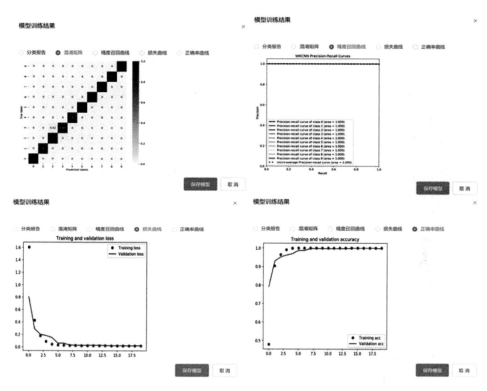

图 10.10 选项卡的方式查看模型训练结果

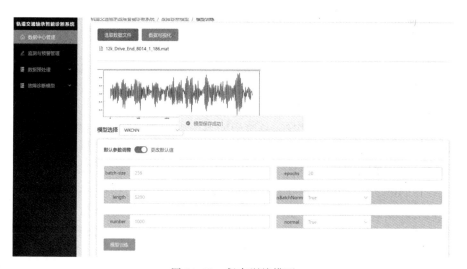

图 10.11 保存训练模型

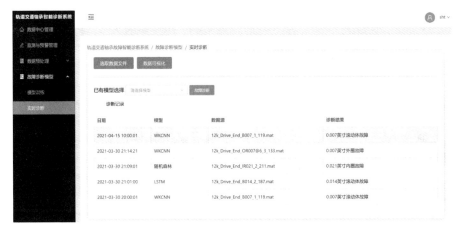

图 10.12　模型实时诊断界面

（1）单击"选取数据文件"按钮，选择待诊断的数据文件。然后选择已保存好的故障诊断模型，例如在图 10.13 中"已有模型选择下拉列表"中，选择我们之前保存的已训练好的 WKCNN 模型。

图 10.13　选择已保存的故障诊断模型

（2）单击"故障诊断"按钮，故障诊断系统平台进行实时故障诊断，弹出如图 10.14 所示诊断结果对话框，用于显示诊断结果。本示例诊断结果显示："0.014 英寸滚动体故障"。

我们可以在"选取数据文件"按钮下方可以看到我们选取的待诊断文件是：12k_Drive_End_B014_1_186.mat。其含义为 12k 驱动端滚动体 0.014 英寸故障。这与轴承故障诊断系统平台诊断结果一致，故可判定本次诊断成功。

图 10.14　显示诊断结果

（3）单击"确定"按钮，出现如图 10.15 所示诊断记录界面。我们本次诊断信息自动添加并保存在数据库中并在诊断记录中展示，包含诊断日期、使用的模型名、选取的数据源和诊断结果。

诊断记录

日期	模型	数据源	诊断结果
2021-04-15 11:39:35	WKCNN	12k_Drive_End_B014_1_186.mat	0.014英寸滚动体故障
2021-04-15 10:00:01	WKCNN	12k_Drive_End_B007_1_119.mat	0.007英寸滚动体故障
2021-03-30 21:14:21	WKCNN	12k_Drive_End_OR007@6_3_133.mat	0.007英寸外圈故障
2021-03-30 21:09:01	随机森林	12k_Drive_End_IR021_2_211.mat	0.021英寸内圈故障
2021-03-30 21:01:00	LSTM	12k_Drive_End_B014_2_187.mat	0.014英寸滚动体故障
2021-03-30 20:00:01	WKCNN	12k_Drive_End_B007_1_119.mat	0.007英寸滚动体故障

图 10.15　添加结果到诊断记录

参 考 文 献

[1] 王奉涛,苏文胜.滚动轴承故障诊断与寿命预测[M].北京：科学出版社,2018.

[2] 姚德臣.轨道交通轴承故障诊断技术[M].北京：中国铁道出版社,2017.

[3] 李杰,倪军,王安正.从大数据到智能制造[M].上海：上海交通大学出版社,2016.

[4] Amarnath M,Sugumaran V,Kumar H. Exploiting sound signals for fault diagnosis of bearings using decision tree[J]. Measurement,2013,46(3)：1250-1256.

[5] 张沛朋,郭飞燕.基于 PCA-SVM 的滚动轴承故障诊断研究[J].组合机床与自动化加工技术,2015,000(011)：88-90.

[6] Mbo'O C P,Hameyer K. Fault diagnosis of bearing damage by means of the linear discriminant analysis of stator current features from the frequency selection[J]. IEEE Transactions on Industry Applications,2016,52(5)：3861-3868.

[7] 张鑫,赵建民,倪祥龙,等.基于多重分形降趋算法与改进的 K 均值聚类滚动轴承故障诊断[J].北京理工大学学报,2019,039(005)：473-479.

[8] Seera M,Wong M L D,Nandi A K. Classification of ball bearing faults using a hybrid intelligent model[J]. Applied Soft Computing,2017,57：427-435.

[9] Yan X A,Jia M P. A novel optimized SVM classification algorithm with multi-domain feature and its application to fault diagnosis of rolling bearing[J]. Neurocomputing,2018, 313：47-64.

[10] 徐可,陈宗海,张陈斌,等.基于经验模态分解和支持向量机的滚动轴承故障诊断[J].控制理论与应用,2019,036(006)：915-922.

[11] 于军,刘立飞,邓立为,等.基于流向图和非朴素贝叶斯推理的滚柱轴承故障程度识别[J].计算机集成制造系统,2020,026(005)：1202-1210.

[12] 王岩,罗倩,邓辉.基于变分贝叶斯的轴承故障诊断方法[J].计算机科学,2019, 046(011)：323-327.

[13] Seongmin H,Jay H L. Fault detection and classification using artificial neural networks[J]. IFAC-PapersOnLine,2018,51-18：470-475.

[14] 徐继亚,王艳,纪志成.基于鲸鱼算法优化 WKELM 的滚动轴承故障诊断[J].系统仿真学报,2017,29(9)：321-329.

[15] 王田田,王艳,纪志成.基于改进极限学习机的滚动轴承故障诊断[J].系统仿真学报,2018,30(11)：390-397.

[16] Zhang R,Tao H,Wu L,et al. Transfer learning with neural networks for bearing fault diagnosis in changing working conditions[J]. IEEE Access,2017(5)：14347-14357.

[17] 欧璐,于德介.基于监督拉普拉斯分值和主元分析的滚动轴承故障诊断[J].机械工程学报,2014,50(05)：88-94.

[18] 刘长良,武英杰,甄成刚.基于变分模态分解和模糊C均值聚类的滚动轴承故障诊断[J].中国电机工程学报,2015,35(13):3358-3365.

[19] 王奉涛,陈守海,闫达文,等.基于流形——奇异值熵的滚动轴承故障特征提取[J].振动、测试与诊断,2016,36(2):288-294.

[20] 侯文擎,叶鸣,李巍华.基于改进堆叠降噪自编码的滚动轴承故障分类[J].机械工程学报,2018,54(07):87-96.

[21] Wen C,Zhou C D. Rolling bearing fault feature extraction based on SVD-EEMD[J]. Applied Mechanics and Materials,2013,411-414:1067-1071.

[22] Tian J,Morillo C,Azarian M H,et al. Motor bearing fault detection using spectral kurtosis-based feature extraction coupled with K-nearest neighbor distance analysis[J]. IEEE Transactions on Industrial Electronics,2016,63(3):1793-1803.

[23] Shao H,Jiang H,Wang F,et al. Rolling bearing fault diagnosis using adaptive deep belief network with dual-tree complex wavelet packet[J]. ISA Transactions,2017(68):187-201.

[24] Sadoughi M,Hu C. Physics-based convolutional neural network for fault diagnosis of rolling element bearings[J]. IEEE Sensors Journal,2019,19(11):4181-4192.

[25] Li H,Liu T,Wu X,et al. Research on bearing fault feature extraction based on singular value decomposition and optimized frequency band entropy[J]. Mechanical Systems and Signal Processing,2019,118:477-502.

[26] Lu C,Wang Z Y,Qin W L,et al. Fault diagnosis of rotary machinery components using a stacked denoising autoencoder-based health state identification[J]. Signal Processing,2016,130(C):377-388.

[27] 马辉,车迪,牛强,等.基于深度神经网络的提升机轴承故障诊断研究[J].计算机工程与应用,2019,55(16):123-129+184.

[28] 丁承君,冯玉伯,王曼娜.基于变分模态分解与深度卷积神经网络的滚动轴承故障诊断[J].振动与冲击,2021,40(2):287-296.

[29] Wei Z,Peng G,Li C,et al. A new deep learning model for fault diagnosis with good anti-noise and domain adaptation ability on raw vibration signals[J]. Sensors,2017,17(3):425.

[30] Zhu J,Hu T,Jiang B,et al. Intelligent bearing fault diagnosis using PCA-DBN framework[J]. Neural Computing and Applications,2020,32(5):10773-10781.

[31] Shao H,Jiang H,Zhang X,et al. Rolling bearing fault diagnosis using an optimization deep belief network[J]. Measurement Science & Technology,2015,26(11):115002.

[32] Sun W,Shao S,Zhao R,et al. A sparse auto-encoder-based deep neural network approach for induction motor faults classification[J]. Measurement,2016:171-178.

[33] Wei Z,Li C,Peng G,et al. A deep convolutional neural network with new training

methods for bearing fault diagnosis under noisy environment and different working load[J]. Mechanical Systems & Signal Processing,2018:439-453.

[34] Chen Z,Li W. Multisensor feature fusion for bearing fault diagnosis using sparse autoencoder and deep belief network[J]. IEEE Transactions on Instrumentation and Measurement,2017:1-10.

[35] Zhao R,Wang D,Yan R,et al. Machine health monitoring using local feature-based gated recurrent unit networks[J]. IEEE Transactions on Industrial Electronics, 2017(99):1-1.

[36] Hang Q,Yang J,Xing L. Diagnosis of rolling bearing based on classification for high dimensional unbalanced data[J]. IEEE Access,2019,7(99):79159-79172.

[37] Han T,Liu C,Yang W,et al. A novel adversarial learning framework in deep convolutional neural network for intelligent diagnosis of mechanical faults[J]. Knowledge-Based Systems,2019,165(2):474-487.

[38] Zhou F,Yang S,Fujita H,et al. Deep learning fault diagnosis method based on global optimization GAN for unbalanced data[J]. Knowledge-Based Systems,2020, 187(1):104837.1-104837.19.

[39] Xu G,Liu M,Jiang Z,et al. Online fault diagnosis method based on transfer convolutional neural networks[J]. IEEE Transactions on Instrumentation and Measurement,2019,69(2):509-520.

[40] Shao J,Huang Z,Zhu J. Transfer learning method based on adversarial domain adaption for bearing fault diagnosis[J]. IEEE Access,2020,(99):1.

[41] Wen L,Gao L,Li X. A new deep transfer learning based on sparse auto-encoder for fault diagnosis [J]. IEEE Transactions on Systems,Man,and Cybernetics: Systems,2019,49(1):136-144.

[42] Wen L,Li X,Gao L. A transfer convolutional neural network for fault diagnosis based on ResNet-50[J]. Neural Computing and Applications,2020(32):6111-6124.

[43] 邵海东,张笑阳,程军圣,等. 基于提升深度迁移自动编码器的轴承智能故障诊断 [J].机械工程学报,2020,v.56(09):98-104.

[44] Zhao B,X Zhang,Zhan Z,et al. Deep multi-scale convolutional transfer learning network:A novel method for intelligent fault diagnosis of rolling bearings under variable working conditions and domains[J]. Neurocomputing,2020,407:24-38.

[45] Xu G,Liu M,Jiang Z,et al. Bearing fault diagnosis method based on deep convolutional neural network and random forest ensemble learning[J]. Sensors, 2019,19(5):1089.

[46] 张文龙,胡天亮,王艳洁,等.云/边缘协同的轴承故障诊断方法[J].计算机集成制造系统,2020(3):589-599.

[47] 崔玲丽,王华庆.滚动轴承故障定量分析与智能诊断[M].北京:科学出版社,2021.

[48] 周志华. 机器学习[M]. 北京：清华大学出版社，2016.

[49] Zhao D, Li J, Cheng W, et al. Bearing multi-fault diagnosis with iterative generalized demodulation guided by enhanced rotational frequency matching under time-varying speed conditions[J]. ISA transactions, 2022, 518-528.

[50] Xu Q, Zhu B, Huo H, et al. Fault diagnosis of rolling bearing based on online transfer convolutional neural network [J]. Applied Acoustics, 2022, 192: 108703-108713.

[51] Liu S, Jiang H, Wu Z, et al. Data synthesis using deep feature enhanced generative adversarial networks for rolling bearing imbalanced fault diagnosis[J]. Mechanical Systems and Signal Processing, 2022, 163(Jan.): 108139-108159.

[52] Pan H, Xu H, Zheng J. A novel symplectic relevance matrix machine method for intelligent fault diagnosis of roller bearing[J]. Expert Systems with Applications, 2022, 192: 116400.

[53] Li X, Yang Y, Hu N, et al. Maximum margin Riemannian manifold-based hyperdisk for fault diagnosis of roller bearing with multi-channel fusion covariance matrix[J]. Advanced Engineering Informatics, 2022, 51: 101513-101530.

[54] Li X, Jiang X, Wang Q, et al. Multi-perspective deep transfer learning model: A promising tool for bearing intelligent fault diagnosis under varying working conditions[J]. Knowledge-based systems, 2022, 243(May 11): 108443-108459.

[55] Wang Z. A Novel Attentional Feature Fusion with Inception Based on Capsule Network and Application to the Fault Diagnosis of Bearing with Small Data Samples[J]. Machines, 2022, 10(9): 798.

[56] Yao Q, Qian Q, Qin Y, et al. Adversarial domain adaptation network with pseudo-siamese featureextractors for cross-bearing fault transfer diagnosis[J]. Engineering Applications of Artificial Intelligence: The International Journal of Intelligent Real-Time Automation, 2022(113): 104932-104944.

[57] Liu S, Jiang H, Wang Y, et al. A deep feature alignment adaptation network for rolling bearing intelligent fault diagnosis[J]. Advanced engineering informatics, 2022(52): 101598-101610.

[58] Tang J, Wu J, Hu B, et al. Towards a fault diagnosis method for rolling bearing with Bi-directional deep belief network[J]. Applied acoustics, 2022, 192(Apr.), 108727-108738.

[59] Wang X, Zheng J, Zhang J. Median line-gram and its application in the fault diagnosis of rolling bearing[J]. Measurement Science & Technology, 2022, (6) 33: 065011-065035.

[60] Li X, Zhang Y, Wang F, et al. A Fault Diagnosis Method of Rolling Bearing Based on Wavelet Packet Analysis and Deep Forest[J]. Symmetry, 2022, 14: 267.

[61] Nakamura H, Mizuno Y. Diagnosis for Slight Bearing Fault in Induction Motor

Based on Combination of Selective Features and Machine Learning[J]. Energies, 2022,15(2): 453.

[62] Zhou X, Zhou H, Wen G, et al. A hybrid denoising model using deep learning and sparse representation with application in bearing weak fault diagnosis[J]. Measurement, 2022(189): 110633.

[63] Yu X, Huangfu Y, He Q, et al. Gearbox fault diagnosis under nonstationary condition using nonlinear chirp components extracted from bearing force[J]. Mechanical Systems & Signal Processing, 2022: 180.

[64] Peng Y, Wang Y, Shao Y. A novel bearing imbalance Fault-diagnosis method based on a Wasserstein conditional generative adversarial network[J]. Measurement, 2022(192): 110924.

[65] Zhao X, Yao J, Deng W, et al. Normalized Conditional Variational Auto-Encoder with adaptive Focal loss for imbalanced fault diagnosis of Bearing-Rotor system [J]. Mechanical Systems and Signal Processing, 2022, 170: 108826-108849.

[66] He D, Liu C, Jin Z, et al. Fault diagnosis of flywheel bearing based on parameter optimization variational mode decomposition energy entropy and deep learning[J]. Energy, 2022, 239: 122108.

[67] Xu Z, Mei X, Wang X, et al. Fault diagnosis of wind turbine bearing using a multi-scale convolutional neural network with bidirectional long short term memory and weighted majority voting for multi-sensors[J]. Renewable Energy, 2022, 182: 615-626.

[68] Guo J, Si Z, Xiang J. A compound fault diagnosis method of rolling bearing based on wavelet scattering transform and improved soft threshold denoising algorithm [J]. Measurement, 2022(196): 111276.

[69] Zhang Y, Wang J, Zhang F, et al. Intelligent fault diagnosis of rolling bearing using the ensemble self-taught learning convolutional auto-encoders[J]. IET Science, Measurement & Technology, 2022, 16(2): 130-147.

[70] B Z X A, C X M, A X W, et al. Fault diagnosis of wind turbine bearing using a multi-scale convolutional neural network with bidirectional long short term memory and weighted majority voting for multi-sensors[J]. Renewable Energy, 2022, 182: 615-626.

[71] Wu Z, Jiang H, Liu S, et al. A deep reinforcement transfer convolutional neural network for rolling bearing fault diagnosis[J]. ISA transactions, 2022, 129(Pt B): 505-524.

[72] Liu Y, Jiang H, Wang Y, et al. A conditional variational autoencoding generative adversarial networks with self-modulation for rolling bearing fault diagnosis[J]. Measurement, 2022(192): 110888.

[73] Zhang K, Deng Y, Chen P, et al. Quaternion empirical wavelet transform and its

applications in rolling bearing fault diagnosis[J]. Measurement,2022(195)：111179.

[74] Wan L,Li Y,Chen K,et al. A novel deep convolution multi-adversarial domain adaptation model for rolling bearing fault diagnosis[J]. Measurement,2022(191)：110752.

[75] Zhang H. Enhanced Rolling Bearing Fault Diagnosis Combining Novel Fluctuation Entropy Guided-VMD with Neighborhood Statistical Model[J]. Applied Sciences,2022,13(1)：192.

[76] Huang S,Zheng J,Pan H,et al. Order-statistic filtering Fourier decomposition and its application to rolling bearing fault diagnosis[J]. Journal of vibration and control：JVC,2022(13/14)：28.

[77] Wang R,Jiang H,Wu Z,et al. A reinforcement transfer learning method based on a policy gradient for rolling bearing fault diagnosis[J]. Measurement Science & Technology,2022, 33(6)：065020.

[78] Huixin Y,Xiang L,Wei Z. Interpretability of deep convolutional neural networks on rolling bearing fault diagnosis[J]. Measurement Science & Technology,2022, 33(5)：055005.

[80] Li X,Jiang H,Xie M,et al. A reinforcement ensemble deep transfer learning network for rolling bearing fault diagnosis with Multi-source domains [J]. Advanced Engineering Informatics,2022,51：101480.

[81] Ye M,Zhang J,Yang J. Bearing Fault Diagnosis under Time-Varying Speed and Load Conditions via Observer-Based Load Torque Analysis[J]. Energies,2022, 15(10)：1-16.

[82] Cen G. Intelligent Motor Bearing Fault Diagnosis Using Channel Attention-Based CNN[J]. World Electric Vehicle Journal,2022,13.

[83] Zheng J. Multisensor Feature Fusion Based Rolling Bearing Fault Diagnosis Method[J]. Coatings,2022,12.

[84] Han B,Yang Z,Zhang Z,et al. A novel rolling bearing fault diagnosis method based on generalized nonlinear spectral sparsity[J]. Measurement,2022(198)：111131.

[85] A H S,A X Y,A L X,et al. A novel method based on deep transfer unsupervised learning network for bearing fault diagnosis under variable working condition of unequal quantity[J]. Knowledge-Based Systems,2022,242：108381.

[86] Zhang Q,Zhao Z,Zhang X, et al. Short-time consistent domain adaptation for rolling bearing fault diagnosis under varying working conditions[J]. Measurement Science & Technology,2022(7)：33.

[87] Zonghao Y,Zengqiang M,Xin L,et al. Bearing fault diagnosis using a speed-adaptive network based on vibro-speed data fusion and majority voting[J]. Measurement Science & Technology,2022(5)：33.

[88] Liu J,Zhang C,Jiang X. Imbalanced fault diagnosis of rolling bearing using improved MsR-GAN and feature enhancement-driven CapsNet[J]. Mechanical

　　　　Systems and Signal Processing,2022,168.

[89]　Cai J H,Xiao Y L,Fu L Y. Fault Diagnosis of Rolling Bearing Based on Fractional Fourier Instantaneous Spectrum[J]. Experimental Techniques,2022(2):46.

[90]　Song H,Ma W,Han Z,et al. Diagnosis of unbalanced rolling bearing fault sample based on adaptive sparse contrative Auto-encoder and IGWO-USELM[J]. Measurement,2022(198):111353.

[91]　Liu Z H,Chen L,Wei H L,et al. A Tensor-based domain alignment method for intelligent fault diagnosis of rolling bearing in rotating machinery[J]. Reliability Engineering and System Safety,2023,230.

[92]　Hendriks J,Dumond P,Knox D A. Towards better benchmarking using the CWRU bearing fault dataset[J]. Mechanical Systems and Signal Processing,2022,169(2):108732.

[93]　Wang X,Zheng J,Ni Q,et al. Traversal index enhanced-gram (TIEgram):A novel optimal demodulation frequency band selection method for rolling bearing fault diagnosis under non-stationary operating conditions[J]. Mechanical Systems and Signal Processing,2022,172(6):109017.

[94]　Liu C,Tan J. An enhanced variational mode decomposition based on correntropy and a periodicity-assisted log-cycligram for bearing fault diagnosis[J]. Measurement Science & Technology,2022(6):33.

[95]　Jia S,Deng Y,Lv J,et al. Joint distribution adaptation with diverse feature aggregation:A new transfer learning framework for bearing diagnosis across different machines[J].Measurement,2022(187):110332.

[96]　Wang J,Zhan C,Li S,et al. Adaptive variational mode decomposition based on Archimedes optimization algorithm and its application to bearing fault diagnosis [J].Measurement,2022,191:110798.

[97]　Yuan X. The enhancement of fault detection for rolling bearing via optimized VMD and TQWT based sparse code shrinkage[J]. Journal of Vibroengineering,2022,24(3):15.

[98]　Léandre Egole Rikam,Bitjoka L,Nketsa A. Quaternion Fourier Transform spectral analysis of electrical currents for bearing faults detection and diagnosis [J]. Mechanical Systems and Signal Processing,2022,168:108656.

[99]　Zhu Z,Xu X,Li L,et al. A Novel GA-BP Neural Network for Wireless Diagnosis of Rolling Bearing[J]. Journal of Circuits,Systems and Computers,2022,31(10):1-17.

[100]　Zhao X,Zhang Y. An intelligent diagnosis method of rolling bearing based on multi-scale residual shrinkage convolutional neural network[J]. Measurement Science & Technology,2022,33(8):085103.

[101]　Tang M,Liao Y,He D,et al. Rolling bearing diagnosis based on an unbiased-

autocorrelation morphological filter method[J]. Measurement,2022,189:110617.

[102] Yan G,Chen J,Bai Y,et al. A Survey on Fault Diagnosis Approaches for Rolling Bearings of Railway Vehicles[J]. Processes,2022,10(4): 724.

[103] Chen B,Chen X,Chen F,et al. Integrated early fault diagnosis method based on direct fast iterative filtering decomposition and effective weighted sparseness kurtosis to rolling bearings[J]. Mechanical Systems & Signal Processing,2022(171): 108897.

[104] Ni Q,Ji J C,Feng K,et al. A fault information-guided variational mode decomposition (FIVMD) method for rolling element bearings diagnosis[J]. Mechanical Systems and Signal Processing,2022,164(5): 108216.

[105] Shi H,Li Y,Bai X,et al. A two-stage sound-vibration signal fusion method for weak fault detection in rolling bearing systems[J]. Mechanical Systems and Signal Processing,2022,172: 109012.

[106] He L F,Liu Q L,Jiang Z J. Combined Underdamped Bistatic Stochastic Resonance for Weak Signal Detection and Fault Diagnosis under Wavelet Transform [J]. Fluctuation and Noise Letters,2023,22(1).

[107] Pan H,Xu H,Zheng J,et al. An intelligent fault diagnosis method for roller bearings using an adaptive interactive deviation matrix machine[J]. Measurement Science and Technology,2022,33(7): 075103.

[108] Kim S J,Kim K,Hwang T,et al. Motor-current-based electromagnetic interference denoising method for rolling element bearing diagnosis using acoustic emission sensors[J]. Measurement,2022(193): 110912.

[109] Li X,Sun J. A novel method for diagnosing rolling bearing faults based on the frequency spectrum distribution of the modulation signal [J]. Measurement Science & Technology,2022, 33(8):085003.

[110] Qing J. Towards a Fault Diagnosis Method for Rolling Bearings with Time-Frequency Region-Based Convolutional Neural Network [J]. Machines, 2022, 10(12): 1145.

[111] Jin Y,Hou L,Chen Y. A Time Series Transformer based method for the rotating machinery fault diagnosis[J]. Neurocomputing,2022,494 (Jul. 14): 379-395.

[112] Liang H,Cao J,Zhao X. Multi-scale dynamic adaptive residual network for fault diagnosis[J]. Measurement,2022(188): 110397.

[113] Jiang G,Jia C,Nie S,et al. Multiview enhanced fault diagnosis for wind turbine gearbox bearings with fusion of vibration and current signals[J]. Measurement, 2022(196): 111159.

[114] Li J,Liu Y,Li Q. Intelligent fault diagnosis of rolling bearings under imbalanced data conditions using attention-based deep learning method[J]. Measurement, 2022(189): 110500.

[115] Yang R,Zhang Z,Chen Y. Analysis of vibration signals for a ball bearing-rotor

system with raceway local defects and rotor eccentricity[J]. Mechanism and Machine Theory,2022,169：104594.

[116] Qin B,Luo Q,Li Z,et al. Data Screening Based on Correlation Energy Fluctuation Coefficient and Deep Learning for Fault Diagnosis of Rolling Bearings[J]. Energies,2022,15(7)：1-21.

[117] Shen J. Multi-Domain Weighted Transfer Adversarial Network for the Cross-Domain Intelligent Fault Diagnosis of Bearings[J]. Machines,2022,10(5)：326.

[118] Chen F. Fault feature extraction of rolling element bearings based on short-time processing[J]. Journal of Vibroengineering,2022,24(2)：14.

[119] Sun H,Zeng J,Wang Y,et al. Step-by-step gradual domain adaptation for rotating machinery fault diagnosis[J]. Measurement Science and Technology,2022,33(7)：075004.

[120] Wang Z,Yang J,Guo Y. Unknown fault feature extraction of rolling bearings under variable speed conditions based on statistical complexity measures[J]. Mechanical Systems and Signal Processing,2022,172：108964.

[121] Chen X,Guo Y,Na J. Improvement on IESFOgram for demodulation band determination in the rolling element bearings diagnosis[J]. Mechanical Systems & Signal Processing,2022(168)：108683.

[122] Du X,Jia L,Ul Haq I. Fault diagnosis based on SPBO-SDAE and transformer neural network for rotating machinery[J]. Measurement,2022(188)：110545.

[123] Zhong X,Mei Q,Gao X,et al. Fault diagnosis of rolling bearings based on improved direct fast iterative filtering and spectral amplitude modulation：[J]. Proceedings of the Institution of Mechanical Engineers, Part C：Journal of Mechanical Engineering Science,2022,236(9)：5111-5123.

[124] Gu X,Yang S,Liu Y,et al. Weak fault feature extraction of rolling element bearings based on ensemble tunable Q-factor wavelet transform and non-dominated negentropy[J]. Measurement Science & Technology,2022,33(6)：065015.

[125] Shi H,Li Y,Bai X,et al. Sound-aided fault feature extraction method for rolling bearings based on stochastic resonance and time-domain index fusion[J]. Applied acoustics,2022,189 (Feb.)：108611.

[126] Zhang Y,Ye J,He W,et al. An improved sparsity-enhanced decomposition signal method based on GMC and TQWT for rolling bearing faults[J]. Measurement Science & Technology,2022(8)：33.

[127] Han Q,Jiang Z,Xu X,et al. Self-powered fault diagnosis of rolling bearings based on triboelectric effect[J]. Mechanical Systems & Signal Processing,2022(166)：108382.

[128] Ma Y,Ma Y,Yang J,et al. Collaborative and adversarial deep transfer auto-encoder for intelligent fault diagnosis[J]. Neurocomputing,2022,486：1-15.

[129] Li W,Zhong X,Shao H,et al. Multi-mode data augmentation and fault diagnosis

of rotating machinery using modified ACGAN designed with new framework[J]. Advanced Engineering Informatics,2022,52: 101552.

[130] Liu Y,Zhang Y. Parameters research on time-varying stiffness of the ball bearing system without race control hypothesis: [J]. Proceedings of the Institution of Mechanical Engineers,Part C: Journal of Mechanical Engineering Science,2022, 236(3): 1334-1351.

[131] Zhang K,Chen Q,Chen J, et al. A multi-module generative adversarial network augmented with adaptive decoupling strategy for intelligent fault diagnosis of machines with small sample[J]. Knowledge-Based Systems,2022,239(Mar. 5): 107980.

[132] Salunkhe V G,Desavale R G,Kumbhar S G. Vibration Analysis of Deep Groove Ball Bearing Using Finite Element Analysis and Dimension Analysis[J]. Journal of Tribology,2022(8): 144.

[133] Xu H,Pan H,Zheng J,et al. Dynamic penalty adaptive matrix machine for the intelligent detection of unbalanced faults in roller bearing[J]. Knowledge-based systems,2022(Jul. 8): 247.

[134] Yu G,Yan G,Ma B. Feature enhancement method of rolling bearing acoustic signal based on RLS-RSSD[J]. Measurement,2022,192: 110883.

[135] Zhang R,Wang K C,Wu L,et al. Novel Fault Diagnosis Approach for Rolling-element Bearings Based on Bispectral Analysis[J]. Sensors and materials: An International Journal on Sensor Technology,2022,34(2): 765-778.

[136] Jiang X,Huang Q,Shen C,et al. Synchronous chirp mode extraction: A promising tool for fault diagnosis of rolling element bearings under varying speed conditions[J]. Chinese Journal of Aeronautics(English),2022,35(1): 17.

[137] Zhang Y,He L,Cheng G. p MLPC-CNN: A multi-sensor vibration signal fault diagnosis method under less computing resources [J]. Measurement, 2022 (188): 110407.

[138] He G,Li J,Ding K,et al. Feature extraction of gear and bearing compound faults based on vibration signal sparse decomposition[J]. Applied acoustics,2022,189 (Feb.): 108604.

[139] Ma X. A Fault Diagnosis Method of Rolling Bearings Based on Parameter Optimization and Adaptive Generalized S-Transform[J]. Machines,2022,10(3): 207.

[140] Wang H,Liu Z,Ge Y,et al. Self-supervised signal representation learning for machinery fault diagnosis under limited annotation data[J]. Knowledge-based systems,2022(Mar. 5): 239.

[141] Jalayer M,Kaboli A,Orsenigo C,et al. Fault Detection and Diagnosis with Imbalanced and Noisy Data: A Hybrid Framework for Rotating Machinery[J]. 2022,10.

[142] Wen L,Wang Y,Xinyu L I. A new automatic convolutional neural network based

on deep reinforcement learning for fault diagnosis[J]. Frontiers of Mechanical Engineering,2022,17(2):12.

[143] Chang Y,Chen Q,Chen J,et al. Intelligent fault diagnosis scheme via multi-module supervised-learning network with essential features capture-regulation strategy[J]. ISA transactions,2022,129(Pt B):459-475.

[144] Li D C,Zhang M,Kang T B,et al. Fault diagnosis of rotating machinery based on dual convolutional-capsule network (DC-CN)[J]. Measurement,2022(187):110258.

[145] Xie Z,Chen J,Feng Y,et al. End to end multi-task learning with attention for multi-objective fault diagnosis under small sample[J]. Journal of Manufacturing Systems,2022(62):301-316.

[146] Ma Y,Li L,Yang J. Convolutional kernel aggregated domain adaptation for intelligent fault diagnosis with label noise[J]. Reliability Engineering and System Safety,2022,227:108736.

[147] Deng M,Deng A,Shi Y,et al. Intelligent fault diagnosis based on sample weighted joint adversarial network[J]. Neurocomputing,2022,488:168-182.

[148] Zhao K,Jiang H,Wu Z,et al. A novel transfer learning fault diagnosis method based on Manifold Embedded Distribution Alignment with a little labeled data [J]. Journal of Intelligent Manufacturing,2022(2):1-15.

[149] Zhang K,Chen J,He S,et al. Triplet metric driven multi-head GNN augmented with decoupling adversarial learning for intelligent fault diagnosis of machines under varying working condition[J]. Journal of Manufacturing Systems, 2022 (62):1-16.

[150] Wang T,Chen C,Luo Y,et al. Research on fault detection of rolling bearings in press line by a new morphological filter based on diagonal slice spectrum lifting [J]. Measurement,2022(188):110385.

[151] Modulation signal bispectrum with optimized wavelet packet denoising for rolling bearing fault diagnosis: [J]. Structural Health Monitoring, 2022, 21 (3): 984-1011.

[152] Shen J,Xu F. Method of fault feature selection and fusion based on poll mode and optimized weighted KPCA for bearings[J]. Measurement,2022(194):110950.

[153] Feng B. Rolling Bearing Fault Feature Selection Method Based on a Clustering Hybrid Binary Cuckoo Search[J]. Electronics,2023,12:459.

[154] Vashishtha G,Chauhan S,Kumar A,et al. An ameliorated African vulture optimization algorithm to diagnose the rolling bearing defects[J]. Measurement Science & Technology,2022,33 (7):075013.

[155] Behzad M,Kiakojouri A,Arghand H A,et al. Inaccessible rolling bearing diagnosis using a novel criterion for Morlet wavelet optimization: [J]. Journal of Vibration and Control,2022,28(11-12):1239-1250.

[156] Kong Y，Qin Z，Wang T，et al. Data-driven dictionary design-based sparse classification method for intelligent fault diagnosis of planet bearings：[J]. Structural Health Monitoring,2022,21(4)：1313-1328.

[157] Han Q,Jiang Z,Xu X,et al. Self-powered fault diagnosis of rolling bearings based on triboelectric effect[J]. Mechanical Systems and Signal Processing,2022, 166：108382.

[158] Zhang Y,Huang B,Xin Q,et al. Ewtfergram and its application in fault diagnosis of rolling bearings[J]. Measurement,2022,190：110695.

[159] Pang B,Nazari M,Sun Z,et al. An optimized variational mode extraction method for rolling bearing fault diagnosis：[J]. Structural Health Monitoring, 2022, 21(2)：558-570.

[160] He L,Liu X,Jiang Z. A Piecewise Nonlinear Tri-Stable Stochastic Resonance System and its Application in Bearing Fault Diagnosis[J]. Fluctuation and Noise Letters,2022,21(05).

[161] Yang S,Yang P,Yu H,et al. A 2DCNN-RF Model for Offshore Wind Turbine High-Speed Bearing-Fault Diagnosis under Noisy Environment[J]. Energies, 2022,15(9)：1-16.

[162] Zhu P,Dong S,Pan X,et al. A simulation-data-driven subdomain adaptation adversarial transfer learning network for rolling element bearing fault diagnosis [J]. Measurement Science & Technology,2022,33 (7)：075101.

[163] Wang Y. A convolutional neural network method based on Adam optimizer with power-exponential learning rate for bearing fault diagnosis[J]. Journal of Vibroengineering,2022,24(4)：13.

[164] Tong Z,Li W,Zio E,et al. Online Bearing Fault Diagnosis Based on Packet Loss Influence-Inspired Retransmission Mechanism[J]. Mathematics,2022,10.

[165] Du G,Jiang T,Wang J,et al. Improved Multi-Bandwidth Mode Manifold for Enhanced Bearing Fault Diagnosis [J]. Chinese Journal of Mechanical Engineering,2022(1)：035.

[166] Yu G,Li G,Si X,et al. A Multi-size Kernel based Adaptive Convolutional Neural Network for Bearing Fault Diagnosis[J]. 2022.

[167] Chen B Q,Zeng N Y,Cao X C,et al. Unsupervised learning-driven intelligent fault diagnosis algorithm for high-end bearing[J]. SCIENTIA SINICA Technologica, 2022,52(1)：165-179.

[168] Hyogeun O,Yoonjae L,Jongsu L,et al. Feature selection algorithm based on density and distance for fault diagnosis applied to a roll-to-roll manufacturing system[J]. Journal of Computational Design and Engineering,2022(2)：2.

[169] Hou D,Qi H,Luo H,et al. Comparative study on the use of acoustic emission and vibration analyses for the bearing fault diagnosis of high-speed trains [J].

　　　　　　 Structural Health Monitoring,2022,21(4):1518-1540.

[170]　Cheng Y,Wang S,Chen B,et al. An improved envelope spectrum via candidate fault frequency optimization-gram for bearing fault diagnosis[J]. Journal of Sound and Vibration,2022,523:116746.

[171]　Li Y,Shi Z,Lin T R,et al. An iterative reassignment based energy-concentrated TFA post-processing tool and application to bearing fault diagnosis[J]. Measurement,2022,193:110953.

[172]　Chen B,Cheng Y,Zhang W,et al. Enhanced bearing fault diagnosis using integral envelope spectrum from spectral coherence normalized with feature energy[J]. Measurement,2022(189):110448.

[173]　Wu Z,Zhang H,Guo J,et al. Imbalanced bearing fault diagnosis under variant working conditions using cost-sensitive deep domain adaptation network[J]. Expert Systems with Application,2022(May):193.

[174]　Zhou C,Cao H,Wang X,et al. Second-order Iterative Time-rearrangement Synchrosqueezing Transform and its application to rolling bearing fault diagnosis [J]. Measurement,2022(190):110730.

[175]　Hou D,Qi H,Li D,et al. High-speed train wheel set bearing fault diagnosis and prognostics: Research on acoustic emission detection mechanism[J]. Mechanical Systems & Signal Processing,2022:179.

[176]　Ding X,Li Y,Xiao J,et al. Parametric Doppler correction analysis for wayside acoustic bearing fault diagnosis[J]. Mechanical Systems and Signal Processing, 2022,166:108375.

[177]　Cui J,Li Y,Zhang Q,et al. Multi-layer adaptive convolutional neural network unsupervised domain adaptive bearing fault diagnosis method[J]. Measurement Science and Technology,2022,33(8):085009.

[178]　Envelope Z T A P,Envelope M W A,Envelope T O B,et al. A wind turbine bearing fault diagnosis method based on fused depth features in time-frequency domain[J]. Energy Reports,2022,8:12727-12739.

[179]　Wang Z,Zhou J,Du W,et al. Bearing fault diagnosis method based on adaptive maximum cyclostationarity blind deconvolution[J]. Mechanical Systems and Signal Processing,2022,162(5-8):108018.

[180]　Sun H,Cao X,Wang C,et al. An interpretable anti-noise network for rolling bearing fault diagnosis based on FSWT[J]. Measurement,2022,190:110698.

[181]　Song X,Liao Z,Wang H,et al. Incrementally accumulated holographic SDP characteristic fusion method in ship propulsion shaft bearing fault diagnosis[J]. Measurement Science and Technology,2022,33(4):045011.

[182]　Zhang K,Chen P,Yang M,et al. The Harmogram: A periodic impulses detection method and its application in bearing fault diagnosis[J]. Mechanical Systems and

Signal Processing,2022,165：108374.

[183] Pan H,Xu H,Zheng J,et al. Multi-class fuzzy support matrix machine for classification in roller bearing fault diagnosis［J］. Advanced Engineering Informatics,2022,51：101445.

[184] Su H,Xiang L,Hu A,et al. A novel method based on meta-learning for bearing fault diagnosis with small sample learning under different working conditions[J]. Mechanical Systems & Signal Processing,2022(169)：108765.

[185] Jiang L,Li X,Wu L,et al. Bearing fault diagnosis method based on a multi-head graph attention network[J]. Measurement Science and Technology,2022,33(7)：075012.

[186] Sinitsin V,Ibryaeva O,Sakovskaya V,et al. Intelligent bearing fault diagnosis method combining mixed input and hybrid CNN-MLP model［J］. Mechanical Systems and Signal Processing,2022,180：109454.

[187] Pang B,Nazari M,Tang G. Recursive variational mode extraction and its application in rolling bearing fault diagnosis［J］. Mechanical Systems and Signal Processing,2022,165：108321-108333.

[188] Lyu P,Zhang K,Yu W,et al. A novel RSG-based intelligent bearing fault diagnosis method for motors in high-noise industrial environment［J］. Advanced Engineering Informatics,2022,52：101564-101570.

[189] Zuo L,Xu F,Zhang C,et al. A multi-layer spiking neural network-based approach to bearing fault diagnosis［J］. Reliability Engineering & System Safety,2022,225：108561.

[190] Ma H,Li S,Lu J,et al. Impulsive wavelet based probability sparse coding model for bearing fault diagnosis［J］. Measurement,2022(194)：110969.

[191] Zhao H,Yang X,Chen B,et al. Bearing fault diagnosis using transfer learning and optimized deep belief network［J］. Measurement Science and Technology,2022,33(6)：065009.

[192] Guo Z,Envelope M Y P,Huang X. Bearing fault diagnosis based on speed signal and CNN model［J］. Energy Reports,2022,8：904-913.

[193] Meng Z,Zhang Y,Zhu B,et al. Research on rolling bearing fault diagnosis method based on ARMA and optimized MOMEDA[J]. Measurement,2022,189：110465.

[194] Hu J,Deng S. Rolling bearing fault diagnosis based on wireless sensor network data fusion[J]. Computer communications,2022,181 (Jan.)：404-411.

[195] Cui B,Weng Y,Zhang N. A feature extraction and machine learning framework for bearing fault diagnosis［J］. Renewable Energy,2022,191(May)：987-997.

[196] Zhang Z. Bearing Fault Diagnosis Based on Small Sample Learning of Maml-Triplet［J］. Applied Sciences,2022,12(21)：10723.

[197] Han C,Lu W,Wang P,et al. A recursive sparse representation strategy for bearing fault diagnosis［J］. Measurement,2022(187)：110360.

[198] Li Y, Shi Z, Lin T R, et al. An iterative reassignment based energy-concentrated TFA post-processing tool and application to bearing fault diagnosis [J]. Measurement, 2022, 193: 110953.

[199] Ding X, Li Y, Xiao J, et al. Parametric Doppler correction analysis for wayside acoustic bearing fault diagnosis[J]. Mechanical Systems and Signal Processing, 2022, 166: 108375.

[200] Hou D, Qi H, Wang C, et al. High-speed train wheel set bearing fault diagnosis and prognostics: Fingerprint feature recognition method based on acoustic emission[J]. Mechanical Systems and Signal Processing, 2022, 171: 108947.

[201] 李兵, 梁舒奇, 单万宁, 等. 基于改进正余弦算法优化堆叠降噪自动编码器的电机轴承故障诊断[J]. 电工技术学报, 2022, 37(16): 4084-4093.

[202] 罗宏林, 柏林, 侯东明, 等. 有限变工况特征迁移学习方法及其在高速列车轴箱轴承故障诊断中的应用[J]. 仪器仪表学报, 2022, 43(03): 132-145.

[203] 时培明, 张慧超, 伊思颖, 等. 一种改进的自适应多元变分模态分解轴承故障信号特征提取方法[J]. 计量学报, 2022, 43(10): 1326-1334.

[204] 吴利锋, 吕勇, 袁锐, 等. 改进的正弦辅助多元经验模式分解及其在滚动轴承故障诊断中的应用[J]. 中国机械工程, 2022, 33(11): 1336-1344.

[205] 陈剑, 阚东, 孙太华, 等. 基于 SVD-VMD 和 SVM 滚动轴承故障诊断方法[J]. 电子测量与仪器学报, 2022, 36(01): 220-226.

[206] 谢锦阳, 姜媛媛, 王力. 基于 RA-LSTM 的轴承故障诊断方法[J]. 电子测量与仪器学报, 2022, 36(06): 213-219.

[207] 刘建昌, 权贺, 于霞, 等. 基于参数优化 VMD 和样本熵的滚动轴承故障诊断[J]. 自动化学报, 2022, 48(3): 808-819.

[208] 刘小峰, 刘万, 罗宏林, 等. 基于循环脉冲谱的动车轴箱轴承故障诊断方法[J]. 铁道学报, 2022, 44(10): 46-53.

[209] 齐咏生, 白宇, 高胜利, 等. 基于改进的数据融合滚动轴承故障诊断[J]. 铁道学报, 2022, 44(10): 24-32.

[210] 康守强, 刘旺辉, 王玉静, 等. 基于深度在线迁移的变负载下滚动轴承故障诊断方法[J]. 控制与决策, 2022, 37(6): 1521-1530.

[211] 蔡赛男, 宋卫星, 班利明, 等. 基于鲸鱼算法优化 LSSVM 的滚动轴承故障诊断[J]. 控制与决策, 2022, 37(01): 230-236.

[212] 程健, 程军圣, 李鑫, 等. 增强 Ramanujan 模态分解方法及其在滚动轴承故障诊断中的应用[J]. 机械工程学报, 2022, 58 (19): 130-138.

[213] 刘仓, 童靳于, 包家汉, 等. 基于多传感器两级特征融合的滚动轴承故障诊断方法[J]. 振动与冲击, 2022, 41(08): 199-207+259.

[214] 王贡献, 张森, 胡志辉, 等. 基于多尺度均值排列熵和参数优化支持向量机的轴承故障诊断[J]. 振动与冲击, 2022, 41(01): 221-228.

[215] 赵志宏, 吴冬冬, 窦广鉴, 等. 一种基于 CNN-BiGRU 孪生网络的轴承故障诊断方

法[J].振动与冲击,2023,42(06):166-171+211.

[216] 夏懿,徐文学.一种用于跨域轴承故障诊断的深度自适应网络[J].振动与冲击,2022,41(03):45-53+81.

[217] 康涛,段蓉凯,杨磊,等.融合多注意力机制的卷积神经网络轴承故障诊断方法[J].西安交通大学学报,2022,56(12):68-77.

[218] 周华锋,程培源,邵思羽,等.基于动态卷积多层域自适应的轴承故障诊断[J].计算机应用研究,2022,39(07):2098-2103.

[219] 金江涛,许子非,李春,等.基于深度学习与混沌特征融合的滚动轴承故障诊断[J].控制理论与应用,2022,39(01):109-116.

[220] 张成,黄伟国,马玉强,等.自适应学习字典的信号稀疏表示方法及其在轴承故障诊断中的应用[J].振动工程学报,2022,35(5):1278-1288.

[221] 杨光友,刘浪,习晨博.自适应辅助分类器生成式对抗网络样本生成模型及轴承故障诊断[J].中国机械工程,2022,33(13):1613-1621.

[222] 王磊,孙志成,王磊,等.基于DRSN-CW和LSTM的轴承故障诊断[J].电子科技大学学报,2022,51(6):921-927.

[223] 柳秀,马善涛,谢怡宁,等.面向轴承故障诊断的深度学习方法[J].哈尔滨理工大学学报,2022,27(04):118-124.

[224] 徐传超,刘月,付经伦.基于时间序列图谱化的轴承故障诊断方法研究[J].计算机仿真,2022,39(06):484-489.

[225] 王正,文传博,董逸凡.基于小波变换和Involution卷积神经网络的滚动轴承故障诊断方法[J].轴承,2022(11):61-67.

[226] 郭俊锋,王淼生,孙磊,等.基于生成对抗网络的滚动轴承不平衡数据集故障诊断新方法[J].计算机集成制造系统,2022,28(09):2825-2835.

[227] 马航宇,周笛,卫宇杰,等.变工况下基于自适应深度置信网络的轴承智能故障诊断[J].上海交通大学学报,2022,56(10):1368-1378.

[228] 于春霞,张建国,李明.基于AP-FBSOMP组合算法的轴承微弱故障智能诊断分析[J].中国工程机械学报,2022,20(02):178-183.

[229] 侯东晓,穆金涛,方成,等.基于GADF与引入迁移学习的ResNet34对变速轴承的故障诊断[J].东北大学学报(自然科学版),2022,43(03):383-389.

[230] 崔玲丽,刘银行,王鑫.基于改进奇异值分解的滚动轴承微弱故障特征提取方法[J].机械工程学报,2022,58(17):156-169.

[231] 杨新敏,郭瑜,华健翔.基于阶频谱相干的变转速滚动轴承内外圈复合故障特征分离提取[J].振动与冲击,2022,41(22):211-218.

[232] 古天龙,孙镇海,宾辰忠,等.基于多尺度卷积神经网络的滚动轴承智能诊断算法[J].机械设计与制造,2022(05):20-23.

[233] 廖志强,贾宝柱.基于全息SDP的船舶推进轴系轴承故障诊断研究[J].中国舰船研究,2022,17(06):88-95.

[234] 张涵,邹方豪,孟良,等.IPSO-RVM的轴承故障识别方法[J].哈尔滨理工大学学

报,2022,27(05):64-69.

[235] 贾峰,李世豪,沈建军,等.面向轴承智能诊断的多领域深度对抗迁移网络[J].哈尔滨工业大学学报,2022,54(7):120-127.

[236] 孔晓佳,孟良,许同乐,等.基于 AVMD 和 WDK 的风电齿轮箱轴承复合故障诊断方法研究[J].太阳能学报,2022,43(12):206-213.

[237] 田威威,陈俊杰,林意.基于迁移成分分析和词包模型的变工况轴承诊断方法[J].重庆大学学报,2022,45(06):98-107.

[238] 张燕飞,李赟豪,王东峰,等.基于多源信息融合的滚动轴承故障监测方法[J].轴承,2022(12):59-65.

[239] 毛文涛,田思雨,窦智,等.一种基于深度迁移学习的滚动轴承早期故障在线检测方法[J].自动化学报,2022,48(1):302-314.

[240] 陈鹏,赵小强.基于平方包络谱负熵准则的轴承早期复合故障特征提取方法[J].振动与冲击,2022,41(08):179-187.

[241] 马新娜,赵猛,祁琳.基于卷积脉冲神经网络的故障诊断方法研究[J].广西师范大学学报(自然科学版),2022,40(03):112-120.

[242] 沈涛,李舜酩.针对滚动轴承故障的批标准化 CNN-LSTM 诊断方法[J].计算机集成制造系统,2022,28(12):3946-3955.

[243] 刘秀丽,徐小力.基于特征金字塔卷积循环神经网络的故障诊断方法[J].上海交通大学学报,2022,56(02):182-190.

[244] 乌文扬,陈景龙,刘莘,等.基于无监督特征表示深度 Q 学习的智能故障诊断方法[J].中南大学学报(自然科学版),2022,53(05):1750-1759.

[245] 杨胜康,孔宪光,王奇斌,等.基于多源域深度迁移学习的机械故障诊断[J].振动与冲击,2022,41(09):32-40.

[246] 时培明,范雅斐,伊思颖,等.基于 HVD 小波包降噪编码深度学习的风电机组智能诊断研究[J].振动与冲击,2022,41(12):196-201.

[247] 张钊,李新宇,高亮.基于域适应神经网络与联合分布自适应的无监督故障诊断方法[J].计算机集成制造系统,2022,28 (8):2365-2374.

[248] 董永峰,孙跃华,高立超,等.基于改进一维卷积和双向长短期记忆神经网络的故障诊断方法[J].计算机应用,2022,42(4):1207-1215.

[249] 刘芯志,彭成,满君丰,等.改进残差结构的轻量级故障诊断方法[J].计算机工程与设计,2022,43(08):2303-2310.

[250] 段泽森,郝如江,王一帆,等.基于改进残差网络的旋转机械变工况故障诊断[J].组合机床与自动化加工技术,2022(10):100-104.

[251] Cheng Y,Wang S,Chen B,et al. An improved envelope spectrum via candidate fault frequency optimization-gram for bearing fault diagnosis[J]. Journal of Sound Vibration,2022,523:116746.

[252] Yang Z,Cen J,Liu X,et al. Research on bearing fault diagnosis method based on transformer neural network[J]. Measurement Science & Technology,2022(8):33.

[253] Zhang Z,Huang W,Liao Y,et al. Bearing fault diagnosis via generalized logarithm sparse regularization [J]. Mechanical Systems and Signal Processing,2022, 167：108576.

[254] Aphale S S. Bearing Fault Diagnosis Based on Multi-Scale CNN and Bidirectional GRU[J]. Vibration,2022,6.

[255] Wang J. A New Method of Wheelset Bearing Fault Diagnosis [J]. Entropy, 2022,24.

[256] Jiang W,Xu Y,Chen Z,et al. Fault diagnosis for rolling bearing using a hybrid hierarchical method based on scale-variable dispersion entropy and parametric t-SNE algorithm[J]. Measurement,2022,191：110843.

[257] Song X,Cong Y,Song Y,et al. A bearing fault diagnosis model based on CNN with wide convolution kernels[J]. Journal of Ambient Intelligence and Humanized Computing.

[258] 宋旭东,宋亮,王立娟,等.大数据技术基础[M].北京:清华大学出版社,2020.

[259] 黄宜华,苗凯翔.深入理解大数据:大数据处理与编程实践[M].北京:机械工业出版社,2014.

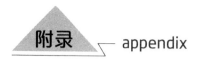

附录 appendix

英文缩略词及术语

A	
AE(Auto Encoder)	自编码器
ANN(Artificial Neural Network)	人工神经网络
AUC(Area Under the Curve)	ROC 曲线下面积

B	
Bi-RNN(Bidirectional RNN)	双向循环神经网络
BP(Error Back Propagation)	误差反向传播算法
BPTT(Back-Propagation through Time)	通过时间反向传播

C	
CD(Contrastive Divergence)	对比散度算法
CNN(Convolutional Neural Networks)	卷积神经网络
CWRU(Case Western Reserve University)	凯斯西储大学
CWT(Continue Wavelet Transform)	连续小波变换

D	
DBN(Deep Belief Network)	深度信念网络
DWT(Discrete Wavelet Transform)	离散小波变换

E	
EMD(Empirical Mode Decomposition)	经验模态分解

F	
FFT(Fast Fourier Transform)	快速傅里叶变换
FNN(Feedforward Neural Networks)	前馈神经网络

G	
GRU(Gated Recurrent Unit networks)	门限循环单元网络

续表

H	
HDFS(Hadoop Distributed File System)	分布式文件系统
I	
ICA(Independent Components Analysis)	独立成分分析
IMFs(Intrinsic Mode Functions)	本征模函数
L	
LDA(Linear Discriminant Analysis)	线性判别分析
LGL(LSTM-GRU-LSTM)	LGL 循环神经网络
LMD(Local Mean Decomposition)	局部均值分解
LSTM(Long Short-Term Memory networks)	长短期记忆网络
M	
MCELF(Multi-Composite Exponential Loss Function)	多级复合指数损失函数
MSE(Mean Squared Error)	均方误差
N	
NAG(Nesterov Accelerated Gradient)	牛顿加速梯度优化方法
P	
PCA(Principal Components Analysis)	主成分分析
PF(Product Function)	乘积函数
R	
RBM(Restricted Boltzmann Machine)	受限玻尔兹曼机
RNN(Recurrent Neural Network)	卷积神经网络
S	
SCNN(Single Layer Convolutional Neural Networks)	单层卷积神经网络
SGD(Stochastic Gradient Descent)	随机梯度下降法
SMO(Sequential Minimal Optimization)	序列最小优化算法
SNR(Signal Noise Ratio)	信噪比
SSCNN-X(X Single Layer Convolutional Neural Networks Stacked)	集成 X 个单层卷积神经网络结构
STFT(Short-Time Fourier Transform)	短时傅里叶变换
SVM(Support Vector Machine)	支持向量机
V	
VMD(Variational Mode Decomposition)	变分模态分解
W	
WKCNN(Convolutional Neural Network with Wide Convolution Kernels)	带宽卷积核的卷积神经网络
WPD(Wavelet Packet Decomposition)	小波包分解
WT(Wavelet Transform)	小波变换